KB248923

일산오빠의 실용음악 기초이론 2

일산오빠의 실용음악 기초이론 2

초판 1쇄 발행 2015년 9월 18일
초판16쇄 발행 2024년 9월 29일

지은이 윤영준
기획 · 편집 양세진
디자인 박마리아
펴낸곳 1458MUSIC
주소 경기도 성남시 분당구 장미로 42, 리더스빌딩 716호
전화 070-8670-4340
팩스 0504-848-4340
등록 2008년 4월 21일 제2008-000017호
홈페이지 www.1458music.com
페이스북 www.facebook.com/1458music
블로그 blog.naver.com/1458music
이메일 1458music@naver.com
인쇄 예림 인쇄

책값은 표지 뒤쪽에 있습니다.

1458MUSIC은 램프앤라이트의 음악분야 임프린트입니다.

ISBN 979-11-953562-3-2

일산오빠의 실용음악 기초이론 2

윤영준 지음

1458MUSIC

서문

학교와 소속사에서 일하면서 음악 이론에 관한 공부는 이제 선택이 아닌 필수가 되었다는 것을 실감합니다. 전문적으로 음악을 배우고, 관련 일을 하려는 분들이 많아지면서 현장에서 요구하는 수준도 높아진 것이 사실입니다. 일산오빠의 실용음악 기초이론에서 소개하고 있는 내용들은 이러한 요구에 대비하는 첫 단추라고 할 수 있습니다.

일산오빠의 실용음악 기초이론 2권은 모드에서 코드 진행, 비화성음까지 1권 보다 조금 깊이 있는 이론들을 소개하고 있습니다. 입시를 준비하는 수험생은 물론 취미로 음악을 하는 분들도 꼭 알아두어야 하는 내용 위주로 구성되었습니다,

이 책의 unit을 하나씩, 하나씩 공부하다 보면 어느새 다양한 관점으로 음악이론을 생각하는 자신을 발견할 수 있을 것입니다. 특히 2권은 복습문제를 추가하여 한 단원이 끝날 때 마다 1권의 내용들을 확인할 수 있도록 만들었습니다. 시간이 지나 잊어버린 부분이 있다면 꼭 다시 한 번 공부하시기를 부탁드립니다.

1권을 출간하고 나서 독자분들에게 감사하고 또 죄송한 마음이 들었습니다. 악보를 하나도 볼 줄 몰랐는데 이제 어떤 코드도 이해할 수 있게 되었다는 독자분의 후기나 팟캐스트 강의에 보내주시는 관심을 보고 책 쓰기를 정말 잘했다는 생각이 들면서도, 좀 더 세심하게 배려하지 못한 부분을 발견할 때는 죄송한 마음을 감출 수가 없었습니다. 2권을 출간하면서도 똑같은 마음이 듭니다. 꼭 필요한 부분을 쉽게 설명하려고 노력했지만 여전히 저의 부족함 또한 느낄 수 있었습니다. 아무쪼록 이번에도 독자분들의 애정 어린 격려를 부탁드립니다.

이번에도 책이 나오기까지 함께 수고해 주신 분들이 많습니다. 음악을 통해 가족이 되어주신 (주)RBW의 김진우 대표님과 직원 분들, 언제나 힘과 이유가 되어 주는 워십플로잉 식구들과 장창수 선교사님, 항상 마음 속에 있는 아이콘밴드 멤버들, 모니터로 도와준 송민아양, 좋은 책을 만들 수 있게 도와주신 램프앤라이트 양세진 대표님, 그리고 사랑하는 아내 지은이, 모두에게 감사의 마음을 전합니다.

give the glory to God

9월 가을을 맞으며

저자 윤영준

어떻게 구성되어 있나요? *construction*

1. unit 이론 공부

실용음악의 기초이론을 unit으로 나누어 설명합니다. 공부할 내용을 작은 단위로 만들어 놓았기 때문에 계획적으로 학습하는데 도움을 줍니다. 모든 unit은 이론이 완성되는 사고 과정에 맞춰 배치되었습니다. 제시 된 순서를 따라 공부하다보면 전체적인 음악 이론의 큰 틀을 볼 수 있게 됩니다. 각 unit에는 간단한 check문제가 있어 공부한 내용을 바로 확인할 수 있습니다.

2. 연습문제

강의 순서에 맞춰 연습문제가 주어집니다. 강의에 포함된 unit의 이론들을 문제 풀이를 통해 다시 확인하게 됩니다. 연습문제의 유형은 실제 입시문제와 유사합니다. 입시를 준비하는 학생들은 입학시험을 본다는 진지한 마음가짐으로 풀어보시길 바랍니다. 틀린 문제가 있는 경우 관련 unit을 반드시 반복해서 공부해야 합니다.

3. 꼭꼭꼭, 기억합시다.

강의 단위로 꼭 기억해야 하는 핵심 사항들을 정리해 두었습니다. 주의할 점은 단순 암기가 아니라 unit학습의 이해를 바탕으로 외워야 한다는 것입니다. 책에 있는 내용을 모두 공부한 후, 다시 복습하는 방법으로도 유용하게 사용될 수 있습니다.

4. 종합문제

종합문제를 통해 한 개의 파트를 마무리합니다. 난이도가 높은 문제도 포함되어 있지만 강의를 잘 따라왔다면 누구나 풀 수 있습니다. 종합문제는 한 개의 강의로 할애 되어 있습니다. 강의를 듣기 전, 먼저 스스로 풀어본다면 최선의 학습 효과를 기대할 수 있습니다.

5. 복습문제

새로운 이론을 배울 때 1권의 내용을 알아야만 하는 경우, 본문 하단에 복습 이라는 표시와 1권의 어떤 unit을 보아야 하는지 안내하였습니다. 또 파트가 끝날 때 마다 복습문제를 추가하여 음정부터 텐션코드까지 1권에서 배운 내용을 문제로 다시 확인할 수 있도록 구성하였습니다.

공부하는 방법 무료 팟캐스트 강의 청취 방법

일산오빠의 실용음악 기초이론은 혼자서 공부가 가능하도록 무료 팟캐스트 강의를 제공합니다. 강의 순서에 따라 교재를 학습하면 누구나 기초 음악 이론을 확실히 공부할 수 있습니다.

podcast나 팟빵 어플, Youtube에서 '일산오빠'를 검색하면 강의를 찾을 수 있습니다. 모든 강의는 무료로 제공됩니다.

※ 주의!!

인터넷 채널 환경에 따라 무료 강의 제공 방법이 달라 질 수 있습니다. 강의 제공 방법이 변경되면 공식 홈페이지와 페이스북을 통해 공지하겠습니다.

공식 홈페이지 주소 : 1458music.com
공식 페이스북 주소 : facebook.com/1458music
공식 블로그 주소 : blog.naver.com/1458music

무료 팟캐스트 강의는 비상업적 목적의 개인 학습으로만 사용이 허락되어 있습니다. 저작권자 · 출판사의 동의 없이 교육기관입시학원, 학교**에서 강의용으로 사용할 수 없습니다.**

CONTENTS

09

모드의 기초

/

21-23강

unit 51

모드mode란?

우리가 일상생활에서 자주 쓰는 모드mode라는 단어는 '특정 작업을 할 수 있는 방식'이라는 뜻입니다. 카메라를 인물모드, 풍경모드로 설정하는 것처럼 말입니다. 이 모드mode라는 개념이 실용 음악에서는 특정한 스케일scale의 범주로 사용됩니다. 여기서 '특정한' 이라고 말한 이유는 우리가 1권에서 배운 Major scale이나 minor scale이 아닌 또 다른 스케일을 지칭하기 때문입니다.

Major scale의 반음은 3음과 4음, 7음과 8음 사이로 정해져 있습니다. 그래서 'C'로 시작하는 Major scale을 'E'로 시작하는 Major scale로 바꿀 때는 조표나 임시표로 반음의 위치를 맞춰줍니다.

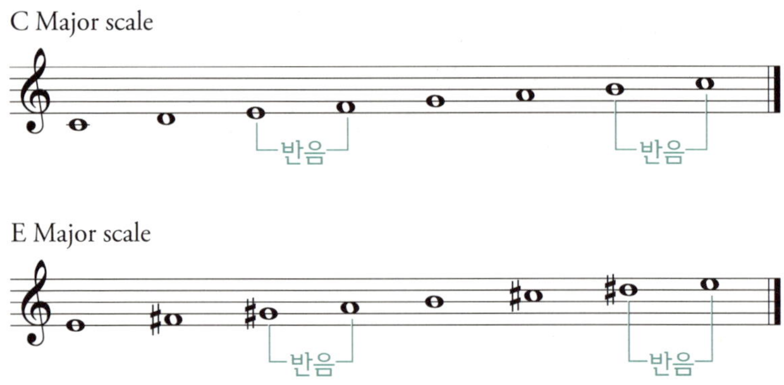

그런데 C Major scale의 구성음은 그대로 두고 시작하는 으뜸음tonic만 'E'로 바꿔 주면 어떤 일이 일어날까요?

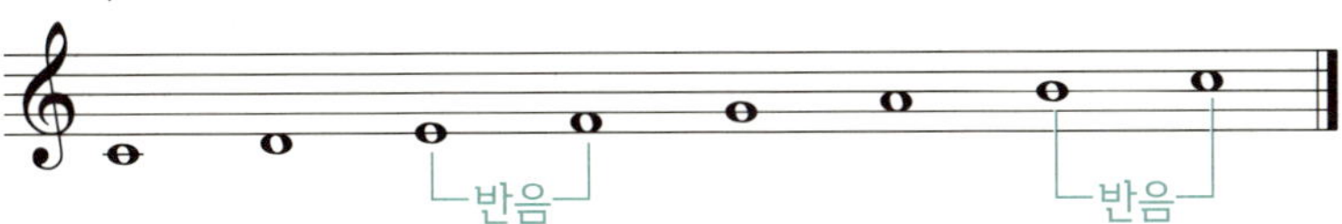

E Phrygian

위의 악보를 보면 두 스케일의 구성음은 똑같습니다. 그런데 스케일이 시작되는 으뜸음tonic이 C에서 E로 바뀌면서 한 가지 변화가 생겼습니다. 바로, 반음인 '미-파', '시-도'의 위치가 달라진 것입니다.

C Major scale	도-레-[미-파]-솔-라-[시-도]
E Phrygian	[미-파]-솔-라-[시-도]-레-미

이런 원리로 C Major scale에서 으뜸음tonic만 계속 바꾸어 주면 구성음은 똑같지만 반음의 위치가 전부 다른 7가지의 스케일이 생겨납니다.

이렇게 만들어진 스케일을 Major scale, minor scale과 구분하여 모드mode라고 부르며 Ionian아이오니안, Dorian도리안, Phrygian프리지안, Lydian리디안, Mixolydian믹솔리디안, Aeolian에올리안, Locrian로크리안 7가지가 있습니다.

unit 52 모드의 발전

1) 고대 그리스의 모드

모드 이론의 토대는 고대 그리스로 거슬러 올라갑니다. 고대 그리스의 철학자 피타고라스는 'C-D-E-F-G-A-B-C'의 8음계를 발견 했는데, 사람들은 이 음계를 바탕으로 으뜸음tonic에 변화를 주어 7가지 모드로 발전시켰습니다.

mode name	tonic	notes
Ionian mode	C	C-D-[E-F]-G-A-[B-C]
Dorian mode	D	D-[E-F]-G-A-[B-C]-D
Phrygian mode	E	[E-F]-G-A-[B-C]-D-E
Lydian mode	F	F-G-A-[B-C]-D-[E-F]
Mixolydian mode	G	G-A-[B-C]-D-[E-F]-G
Aeolian mode	A	A-[B-C]-D-[E-F]-G-A
Locrian mode	B	[B-C]-D-[E-F]-G-A-B

[ ] : 반음의 위치

그리스에서 발전한 모드는 'C, D, E, F, G, A, B' 라는 똑같은 음들로 이루어져 있지만 모드 별로 고유한 으뜸음tonic을 가지고 있었습니다. 이 차이로 모드 마다 반음의 위치가 달라져 각각 다른 분위기를 표현할 수 있었습니다.

이런 모드들은 후에 중세 교회 음악에서 주로 사용됩니다. 그래서 모드를 교회선법church mode이라고도 부릅니다.

2) 모드 이름에 '~ian'이 붙는 이유

Ionian 아이오니안, Dorian 도리안, Phrygian 프리지안, Lydian 리디안, Mixolydian 믹솔리디안, Aeolian 에올리안, Locrian 로크리안

위의 모드 이름을 잘 살펴보면 전부 '~ian'으로끝나는것을알수있습니다. '~ian'은 '사람'을 지칭할 때 사용하는 접미사입니다. music에 ~ian을 붙이면 음악가라는 musician이 되는 것처럼 말입니다.

모드에 '~ian'이 붙는 이유는 그 이름이 모드를 즐겨 사용한 그리스 민족과 지역에서 유래되었기 때문입니다.

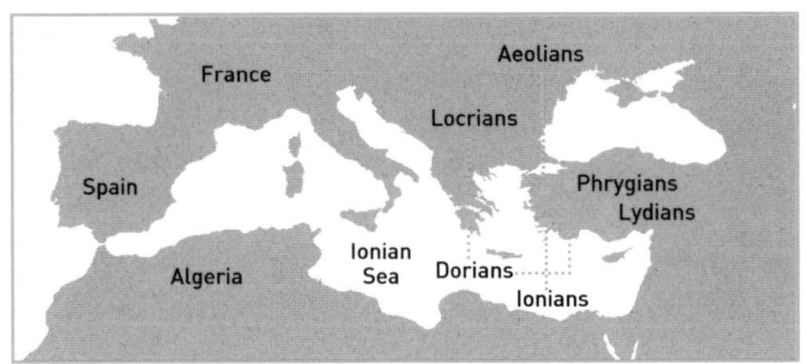

3) 모드의 현대적 적용

조성key 음악이 정립 된 후 모드 대신 Major scale과 minor scale을 주로 사용하게 됩니다. 하지만 1950년대 Jazz가 유행하면서 자유로운 멜로디와 즉흥 연주를 위해 모드의 원리를 현대적 음악에 적용하기 시작했습니다. Jazz음악가들은 다양한 스케일을 사용하기 위해 Major scale과 minor scale에 모드를 접목시켰습니다. 이런 이유로 현대 음악에서 사용되는 모드를 재즈 모드, 재즈 스케일이라고도 부릅니다.

unit 53 Major scale에서 파생 된 모드

1) 모드의 파생 원리와 생성 순서

Major scale의 구성음은 그대로 둔 채 으뜸음tonic을 바꿔주면서 scale을 만들어 나가면 아래와 같은 7가지의 모드를 만들 수 있습니다.

C Major scale에서 파생 된 모드

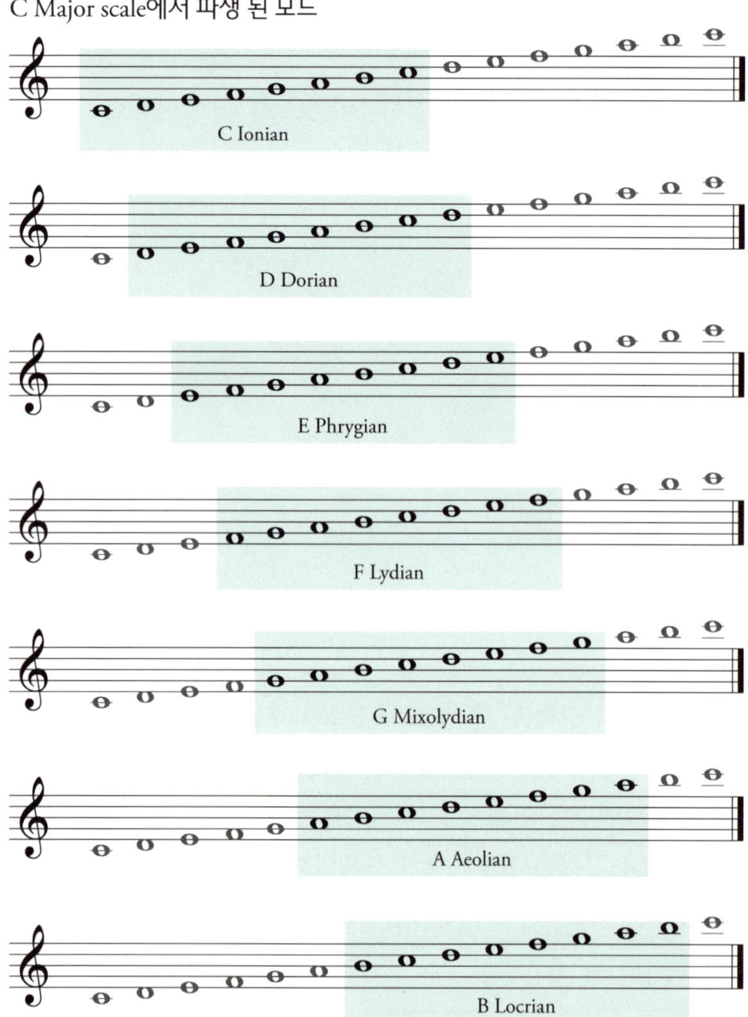

생성 되는 순서로 모드를 정리해 보면,

① Ionian아이오니안 ② Dorian도리안, ③ Phrygian프리지안, ④ Lydian리디안,

⑤ Mixolydian믹솔리디안, ⑥ Aeolian에올리안, ⑦ Locrian 로크리안

이 됩니다.

다시 말하면,

① C Ionian, ② D Dorian, ③ E Phrygian, ④ F Lydian,

⑤ G Mixolydian, ⑥ A Aeolian, ⑦ B Locrian 은 C Major scale

에서 파생 된 모드들 입니다.

만약 G Major scale에서 같은 원리로 모드를 파생 시키면

① G Ionian, ② A Dorian, ③ B Phrygian, ④ C Lydian,

⑤ D Mixolydian, ⑥ E Aeolian, ⑦ F# Locrian

을 만들 수 있습니다.

▶ *check 1* D Major scale에서 파생 되는 7가지 모드를 순서대로 적어 보세요.

① ② ③ ④

⑤ ⑥ ⑦

▶ *check 2* A Dorian은 어떤 Major scale에서 파생 된 모드일까요?

① D Major scale ② E Major scale ③ F Major scale ④ G Major scale

* Ionian은 Major scale과 동일하고 Aeolian은 natural minor scale과 동일합니다.

* 모드의 생성 순서를 꼭 기억해야 합니다. 첫 글자 이용해 [아-도-프-리-믹-에-로] 순으로 외우면 좋습니다.

2) 모드의 음정 순서

모드는 종류 마다 반음의 위치가 다릅니다. 반음의 위치는 모드를 구분하는 중요한 기준이 되기 때문에 꼭 기억해야 합니다. 7가지 모드의 반음 위치를 쉽게 외우려면 구성음의 순차적인 음정 차이가 장2도인지, 단2도[✩] 인지를 기억하면 됩니다.

Ionian의 음정 순서는 다음과 같습니다.

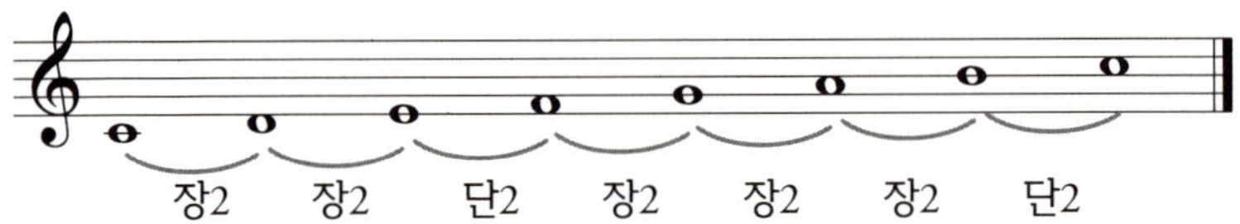

Dorian은 Ionian의 두 번째 음부터 시작되는 것이므로,

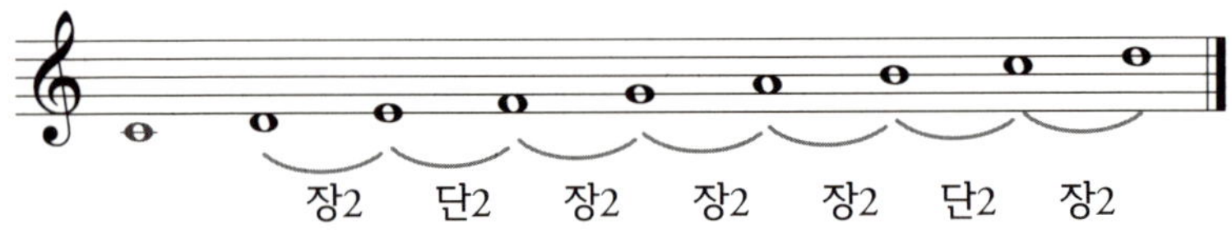

Phrygian은 Ionian의 세번 째 음부터 시작되는 것이므로,

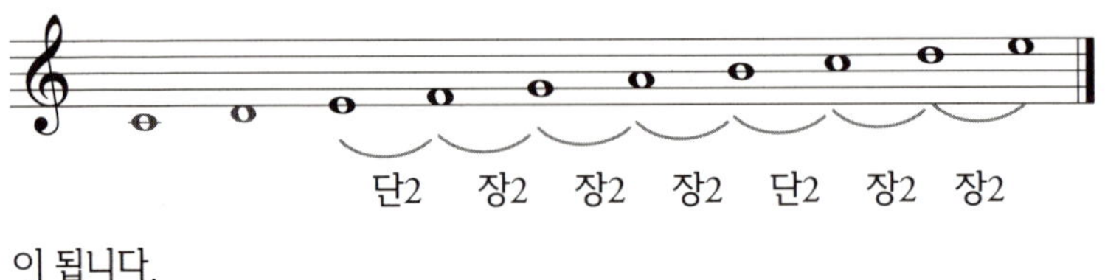

이 됩니다.

✩ **복습** 2도 음정 안에 반음이 없으면 장2도, 반음이 1개 있으면 단2도 입니다. unit03 참고

즉, 모드 생성 순서대로 Ionian의 음정을 하나 씩 뒤로 옮겨 주면 모든 모드의 음정 순서를 쉽게 기억할 수 있습니다.

mode name	음정 순서(2도)
Ionian	장-장-단-장-장-장-단
Dorian	장-단-장-장-장-단-장
Phrygian	단-장-장-장-단-장-장
Lydian	장-장-장-단-장-장-단
Mixolydian	장-장-단-장-장-단-장
Aeolian	장-단-장-장-단-장-장
Locrian	단-장-장-단-장-장-장

▶ *check 3* 다음 모드의 음정 순서를 적어보세요.

① Ionian

② Lydian

연습문제 9-1

1. 다음 7가지 모드를 Major scale에서 파생 되는 순서로 나열하세요.

Dorian, Lydian, Phrygian, Ionian, Mixolydian, Aeolian, Locrian

① ② ③ ④

⑤ ⑥ ⑦

2. E Mixolydian은 어떤 Major scale에서 파생 된 모드일까요?

① G Major scale ② A Major scale ③ B♭ Major scale ④ A♭ Major scale

3. G Phrygian은 어떤 Major scale에서 파생 된 모드일까요?

① F Major scale ② A♭ Major scale ③ E♭ Major scale ④ G Major scale

4. Phrygian의 음정 순서는?

5. Locrian의 음정 순서는?

꼭꼭꼭, 기억합시다.

1. 모드는 고대 그리스에서 시작된 선법이며 Ionian아이오니안, Dorian도리안, Phrygian프리지안, Lydian리디안, Mixolydian믹솔리디안, Aeolian에올리안, Locrian로크리안이 있습니다.

2. 모드는 종류 마다 고유한 반음의 위치를 가지고 있습니다.

3. Major scale에서 파생 된 모드의 순서는 다음과 같습니다.
   ① Ionian아이오니안 ② Dorian도리안, ③ Phrygian프리지안, ④ Lydian리디안, ⑤ Mixolydian믹솔리디안, ⑥ Aeolian에올리안, ⑦ Locrian 로크리안

4. 모드의 음정 순서는 다음과 같습니다.

mode name	음정 순서(2도 간격)
Ionian	장-장-단-장-장-장-단
Dorian	장-단-장-장-장-단-장
Phrygian	단-장-장-장-단-장-장
Lydian	장-장-장-단-장-장-단
Mixolydian	장-장-단-장-장-단-장
Aeolian	장-단-장-장-단-장-장
Locrian	단-장-장-단-장-장-장

unit 54 모드 이름 → 악보 그리기

1) 음정 순서를 이용해서 모드 그리는 방법

앞에서 알아본 모드의 음정 순서를 이용하면 Major scale에서 파생 된 모드를 쉽게 그릴 수 있습니다.

① 문제로 주어진 음으로 시작하여 2도씩 상행하는 한 옥타브를 그립니다.

② 그린 음들 사이에 문제의 모드에 맞는 음정 순서를 적어줍니다.

③ 적은 음정과 일치하도록 2번째 음부터 임시표를 붙여줍니다.

문제 | E Mixolydian

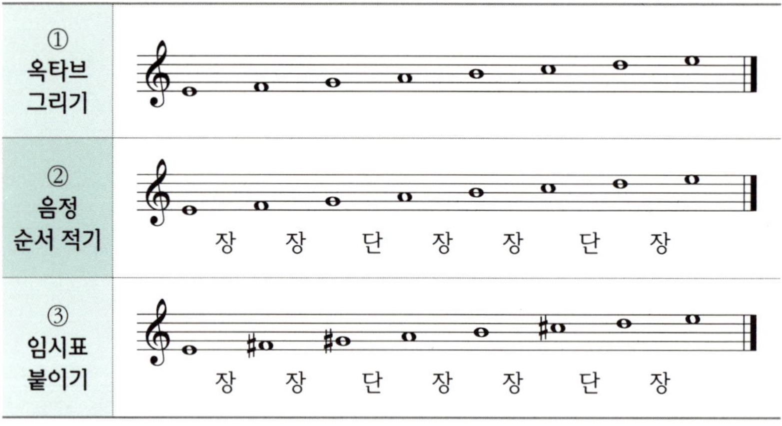

복습 음에 임시표가 붙으면 간격이 달라져서 음정의 변화가 생깁니다. unit04참조

문제 | G Dorian

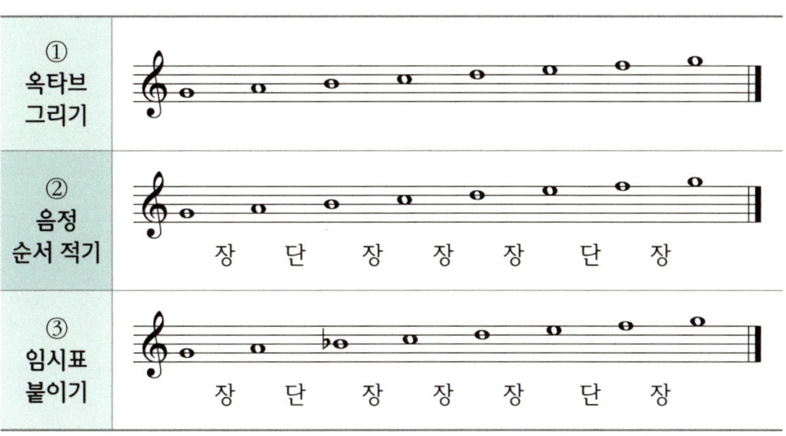

check 1 음정 순서를 이용하여 다음 모드를 그려보세요.

① G Ionian

② A♭ Dorian

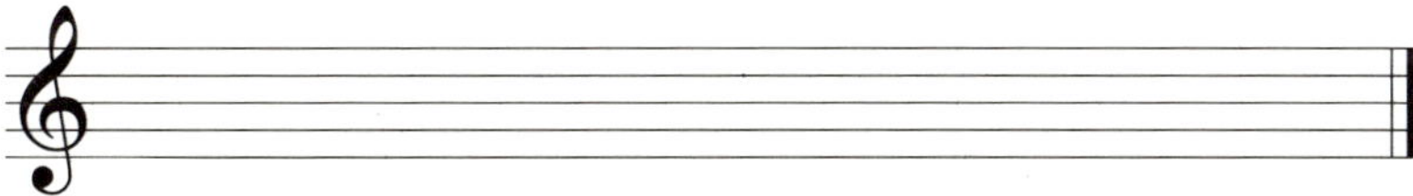

③ D♭ Lydian

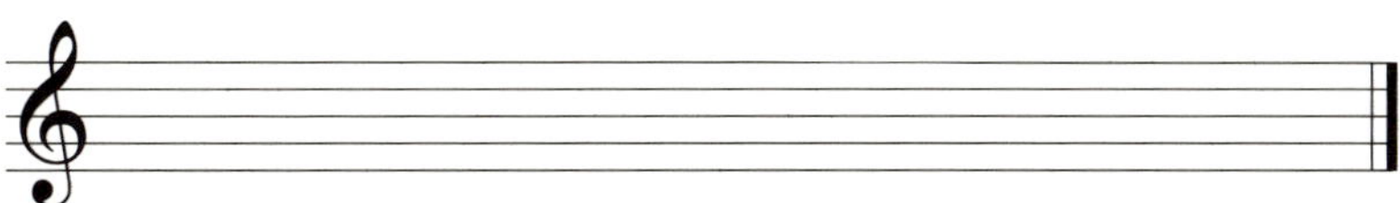

2) 조표를 이용해 모드 그리는 방법

모드는 Major scale에서 파생 된 순서에 따라 Major Key와도 규칙성을 가지고 있습니다. 이를 활용하면 조표를 이용해서 모드를 그릴 수 있습니다.

모드	적용 조표
Ionian	으뜸음과 동일 장조
Dorian	장2도 아래 장조
Phrygian	장3도 아래 장조
Lydian	완전4도 아래 장조
Mixolydian	완전5도 아래 장조
Aeolian	장6도 아래 장조
Locrian	장7도 아래 장조

① 문제로 주어진 음으로 시작하여 2도씩 상행하는 한 옥타브를 그립니다.

② 문제의 모드에 적용할 수 있는 장조를 찾습니다.

③ 장조의 조표를 ①번 스케일의 음에 임시표로 적어 줍니다.

문제 | G Lydian

① 옥타브 그리기
② 적용 장조 찾기
G에서 완전4도 아래 장조 구하기 -> D Major key
③ 임시표로 붙이기

문제 | E Locrian

① 옥타브 그리기
② 적용 조표 찾기
E에서 장7도 아래 장조 구하기 -> F Major key
③ 임시표로 붙이기

▶ *check 2* **다음 모드를 그려보세요.**

① F Phrygian

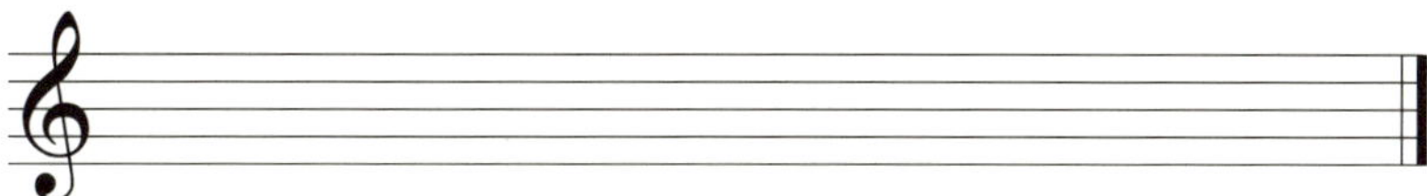

② B Dorian

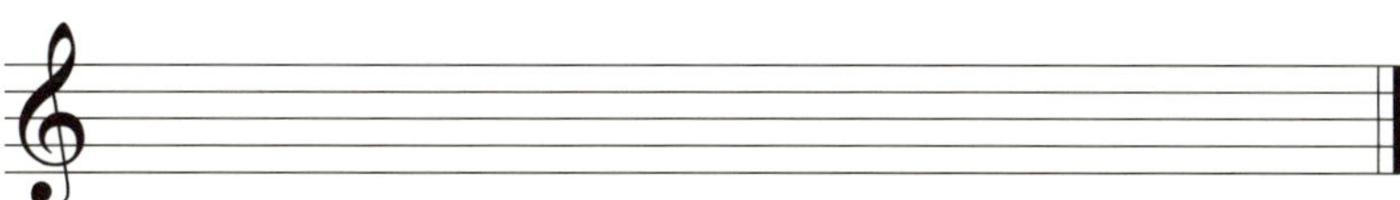

③ G Lydian

복습 ♯조의 으뜸음조이름은 '끝♯'에서 반음 위의 음으로, ♭조의 으뜸음조이름은 '끝♭' 하나 이전 조표 자리로 구합니다. unit18 참조

unit 55

모드 악보 → 이름 구하기

이전의 unit과는 반대로 주어진 스케일을 보고 모드 이름을 구하는 방법입니다.

1) 음정 순서를 이용해서 모드 이름 구하는 방법

① 모드의 시작하는 음 으뜸음을 영어로 적어줍니다.

② 모드의 음정 순서를 구합니다.

③ 음정 순서에 맞는 모드 종류를 적어줍니다.

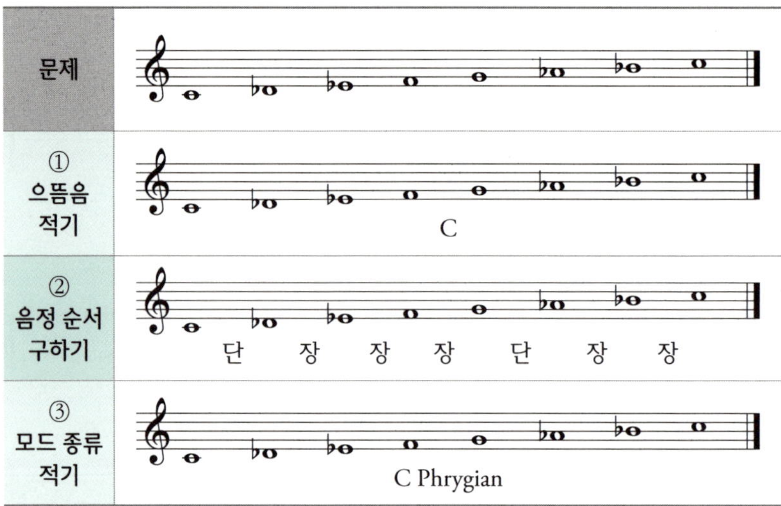

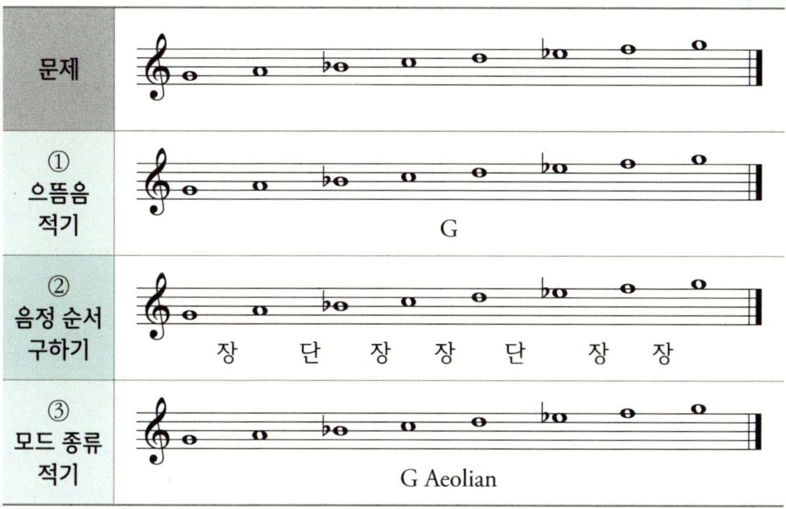

check 1 다음 모드의 이름을 구해보세요.

①

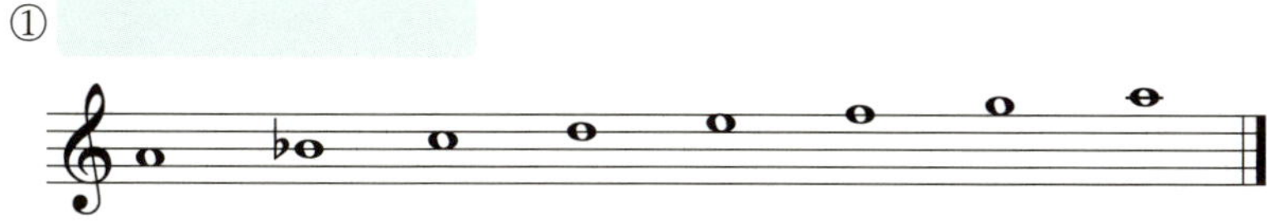

②

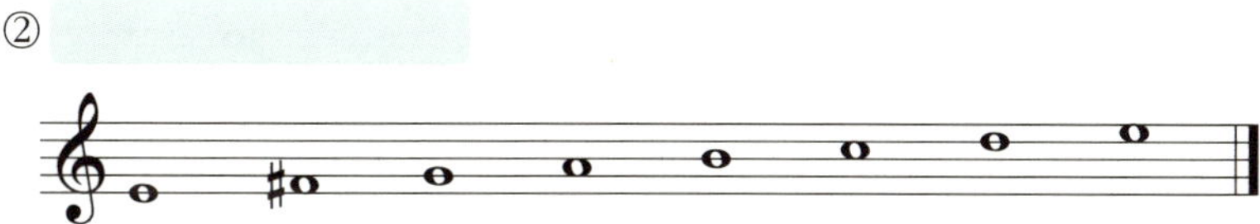

③

2) 조표를 이용해 모드 이름 구하는 방법

① 모드의 시작하는 음 으뜸음을 영어로 적어줍니다.

② 음에 붙어 있는 임시표가 조표로 사용되는 장조를 구합니다.

③ 구한 장조로 시작하여 문제의 으뜸음까지의 음정을 구합니다.

④ ③의 음정이 ○도 이면 ○번째로 파생 되는 모드를 적어줍니다.

문제	
① 으뜸음 적기	B♭
② 장조 구하기	시♭-미♭-라♭- 〉 E♭ Major Key
③ 장조-으뜸음 음정 구하기	E♭에서 B♭까지 : 완전5도 * B♭에서 E♭까지로 구하면 X
④ 생성 순서 모드 적기	5번째로 파생 되는 모드 Mixolydian B♭ Mixolydian

문제	
① 으뜸음 적기	A
② 장조 구하기	파#-도#-솔#-레# -〉 E Major Key
③ 장조-으뜸음 음정 구하기	E에서 A까지 : 완전4도 * A에서 E까지로 구하면 X
④ 생성 순서 모드 적기	4번째로 파생 되는 모드 Lydian A Lydian

check 2 다음 모드의 이름을 구해보세요.

①

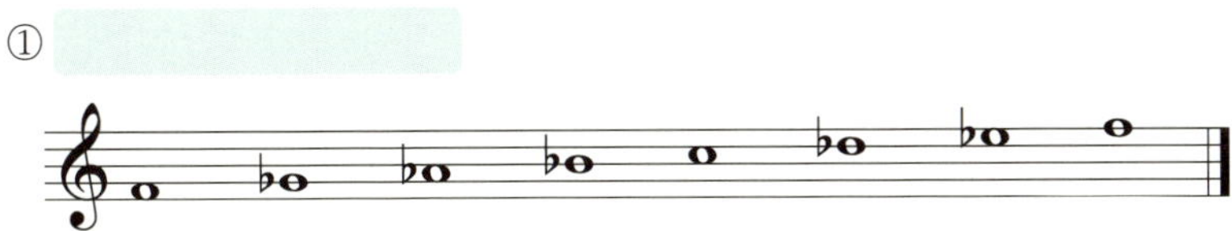

②

③

참고 | 동일한 으뜸음으로 시작하는 모드의 구성음 관계는 다음과 같습니다.

mode name	구성음의 관계
Ionian mode	1,2,3,4,5,6,7
Dorian mode	1,2,♭3,4,5,6,♭7
Phrygian mode	1,♭2,♭3,4,5,♭6,♭7
Lydian mode	1,2,3,♯4,5,6,7
Mixolydian mode	1,2,3,4,5,6,♭7
Aeolian mode	1,2,♭3,4,5,♭6,♭7
Locrian mode	1,♭2,♭3,4,♭5,♭6,♭7

연습문제 9-2

1. 다음 모드를 그려보세요.

1) G Aeolian

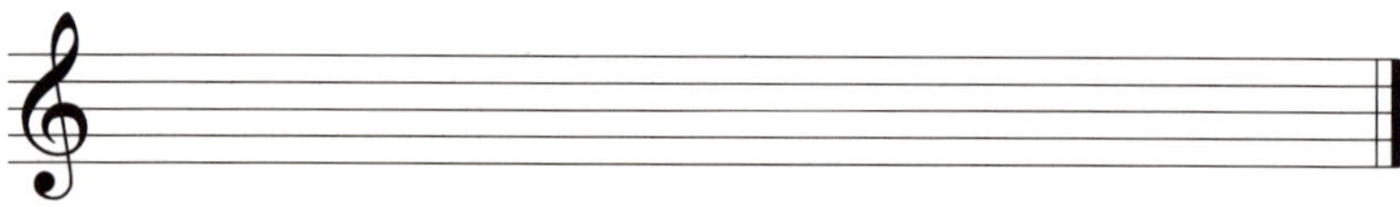

2) A♭ Lydian

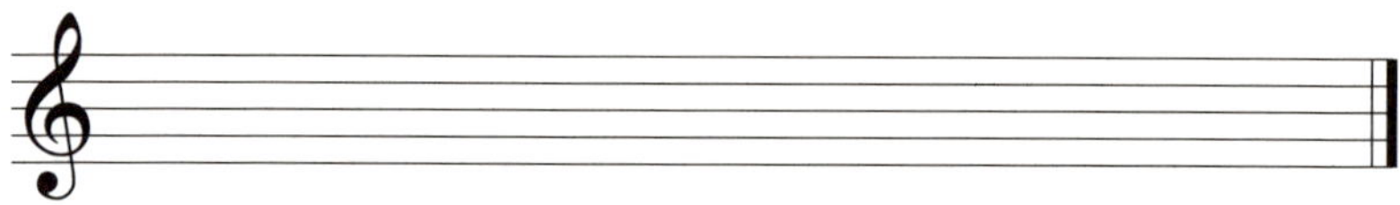

3) E♭ Dorian

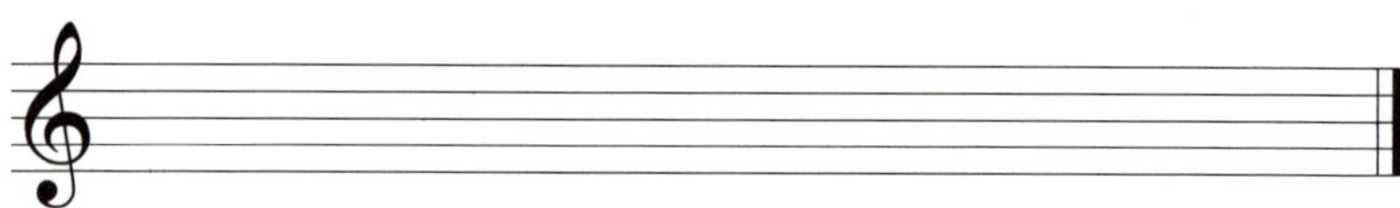

4) C Locrian

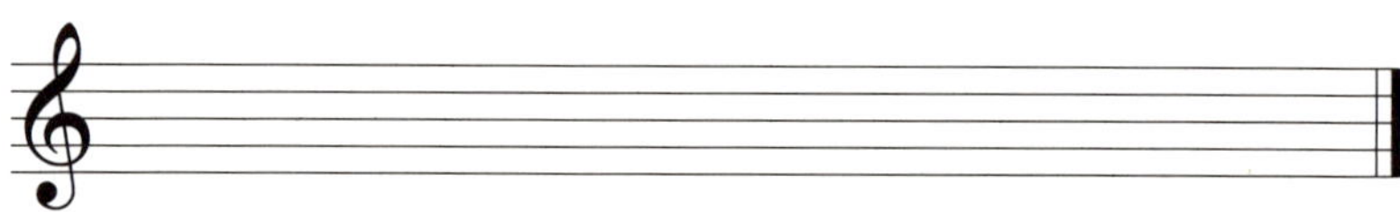

2. 다음 모드의 이름을 구해보세요.

1) 

2) 

3)

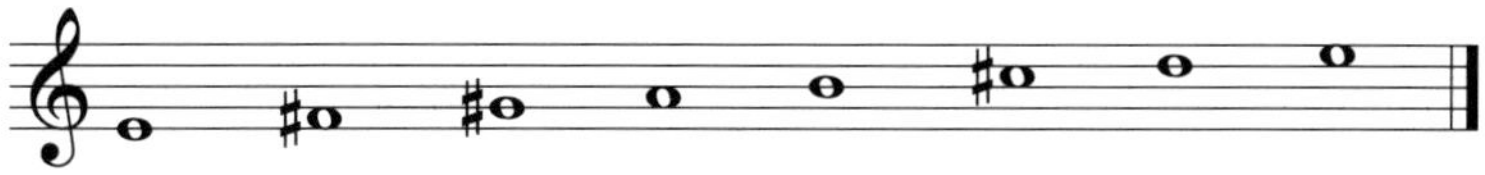

4)

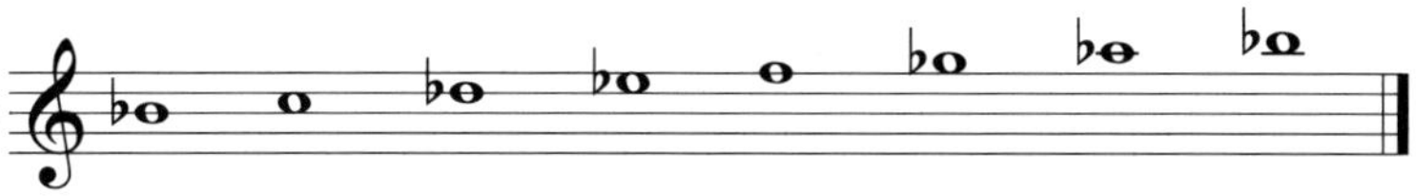

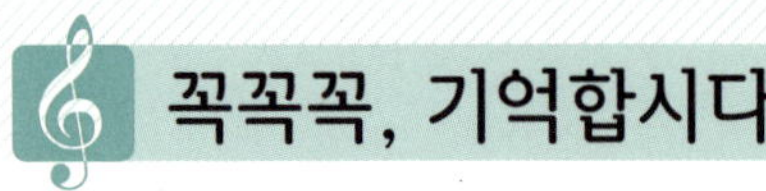

꼭꼭꼭, 기억합시다.

1. 음정 순서를 이용해서 모드 그리는 방법은 다음과 같습니다.

① 문제로 주어진 음으로 시작하여 2도씩 상행하는 한 옥타브 그리기

② 그린 음들 사이에 문제의 모드에 맞는 음정 순서 적기

③ 적은 음정과 일치하도록 2번째 음부터 임시표 붙이기

2. 모드 별 장조와의 관계는 다음과 같습니다.

모드	적용 조표
Ionian	으뜸음과 동일
Dorian	장2도 아래
Phrygian	장3도 아래
Lydian	완전4도 아래
Mixolydian	완전5도 아래
Aeolian	장6도 아래
Locrian	장7도 아래

3. 조표를 이용해서 모드 그리는 방법은 다음과 같습니다.

① 문제로 주어진 음으로 시작하여 2도씩 상행하는 한 옥타브 그리기

② 문제의 모드에 적용할 수 있는 장조 찾기

③ 장조의 조표를 ①번 스케일의 음에 임시표로 적기

4. 음정 순서를 이용해서 모드 이름 구하는 방법은 다음과 같습니다.

① 모드의 시작하는 음 으뜸음을 영어로 적기

② 모드의 음정 순서 구하기

③ 음정 순서에 맞는 모드 종류 적기

5. 조표를 이용해 모드 이름 구하는 방법은 다음과 같습니다.

① 모드의 시작하는 음 으뜸음을 영어로 적기

② 음에 붙어 있는 임시표가 조표로 사용되는 장조 구하기

③ 구한 장조로 시작하여 문제의 으뜸음까지의 음정 구하기

④ ③의 음정이 ○도 이면 ○번째로 파생 되는 모드 적기

복습문제 9

1. 다음 음정을 구해보세요.

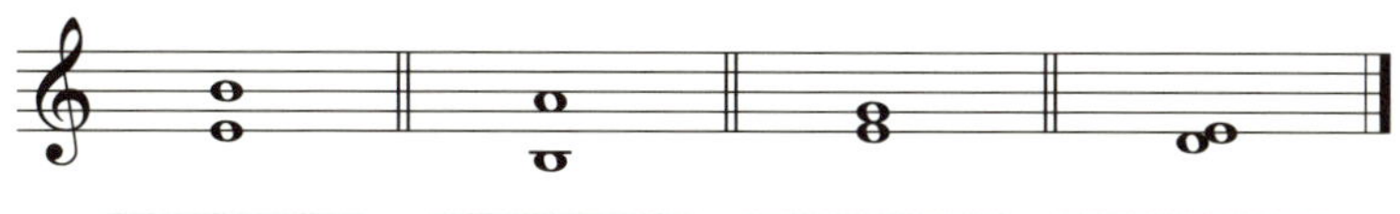

2. 위로 음을 추가하여 주어진 음정을 완성하세요.

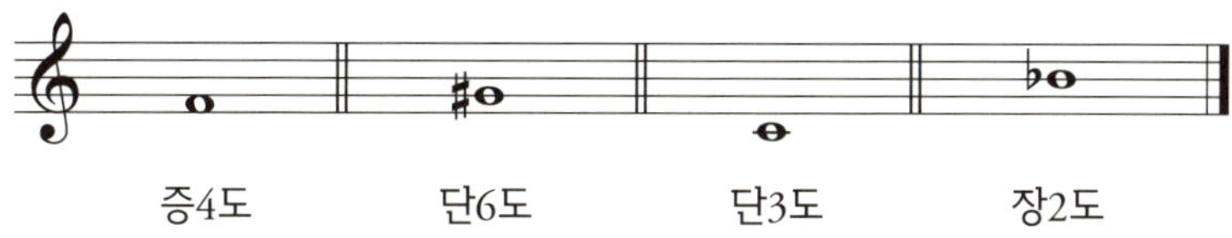

증4도 단6도 단3도 장2도

3. 조표를 보고 장조를 구해보세요.

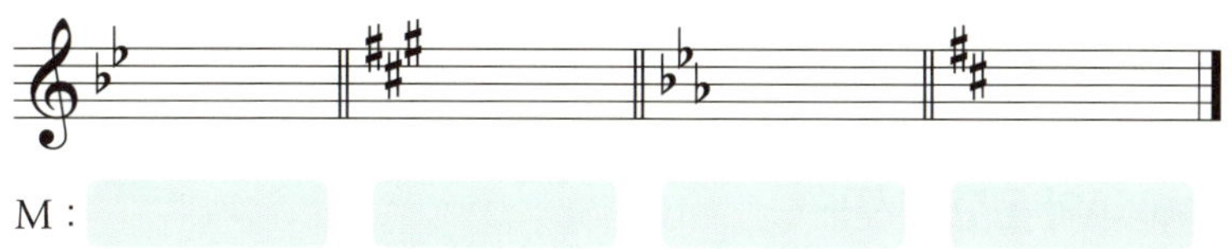

4. 장조를 보고 조표를 그려보세요.

M : A♭ E F G

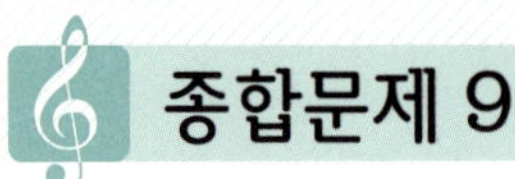

종합문제 9

1. 빈칸을 채워 Major scale에서 파생되는 모드의 생성 순서를 완성하세요.

Ionian – ______ – Phrygian – Lydian – ______ – Aeolian – Locrian

2. A Lydian은 어떤 Major scale에서 파생 된 모드일까요?

3. D Aeolian은 어떤 Major scale에서 파생 된 모드일까요?

4. Locrian의 음정 순서는?

5. Ionian의 음정 순서는?

6. 다음 모드를 그려보세요.

1) E♭ Dorian

2) C♯ Aeolian

3) G Lydian

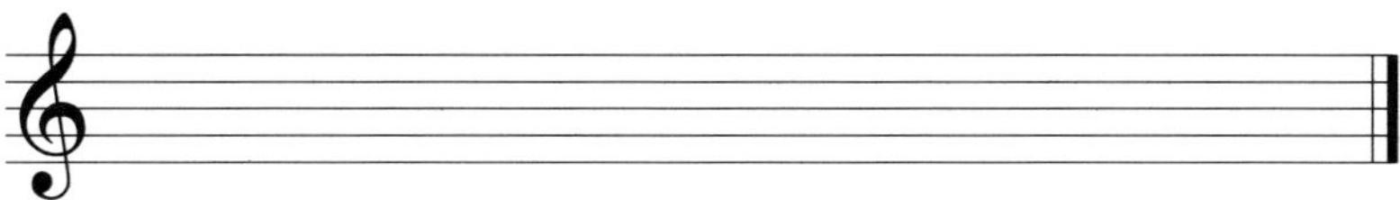

4) E Locrian

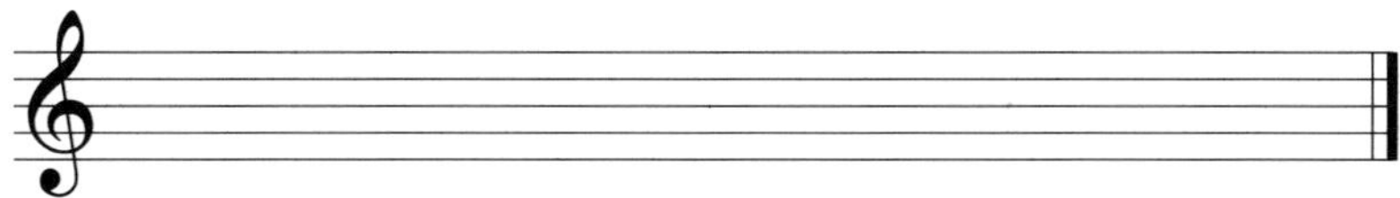

7. 다음 모드의 이름을 구해보세요.

1)

2)

3)
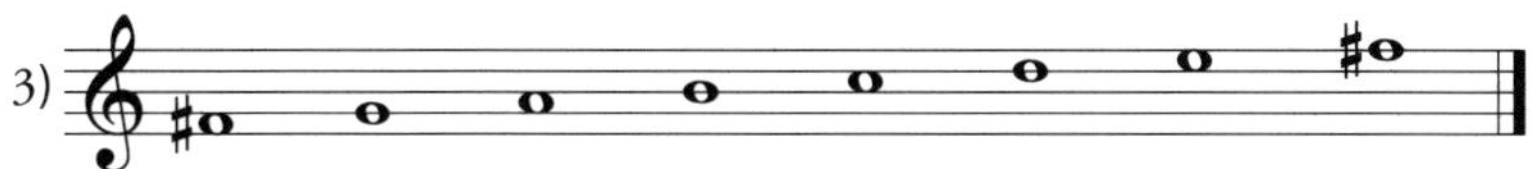

4)
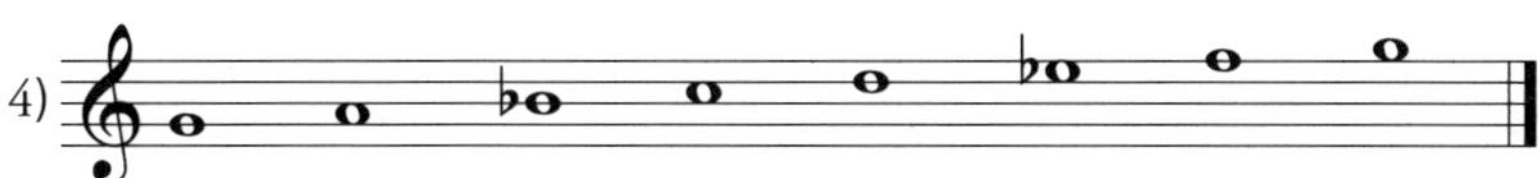

10

그 밖의 스케일

／

24-26강

unit 56

Jazz minor scale에서 파생 된 모드

상행하는 가락단음계를 특별히 Jazz minor scale이라고 합니다. Major scale에서 모드를 파생 시킨 것처럼 Jazz minor scale을 기준으로 7가지 모드를 만들 수 있습니다.

C Jazz minor scale에서 파생 된 모드

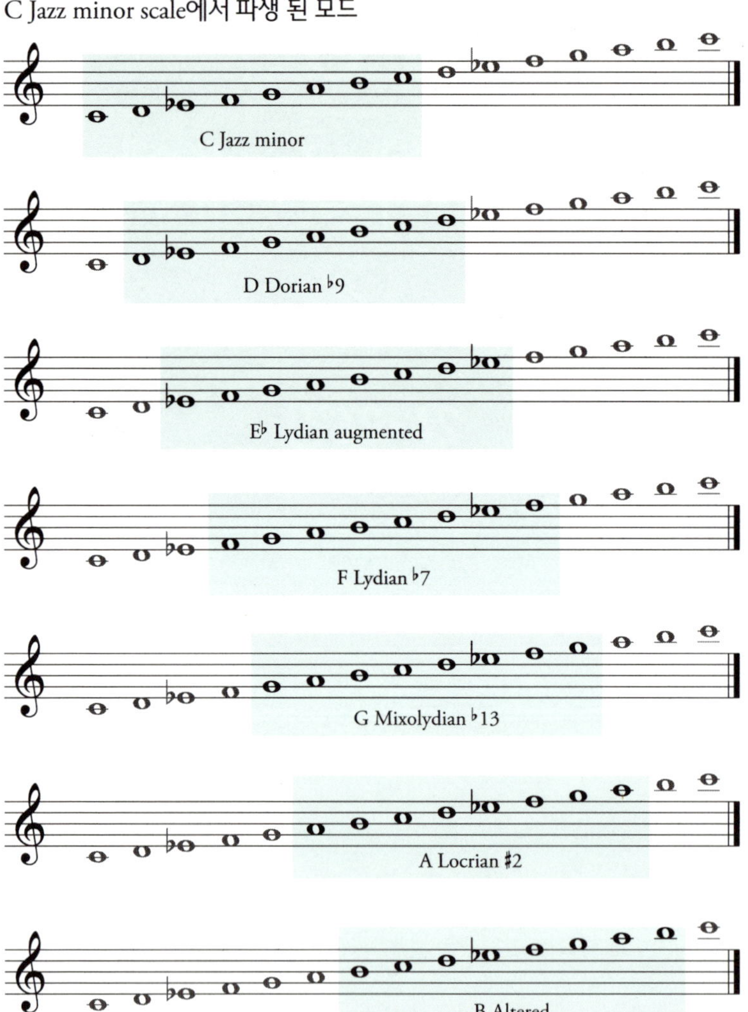

Jazz minor scale에서 파생 된 모드 또한 생성 순서와 음정 순서를 기억해야 합니다.

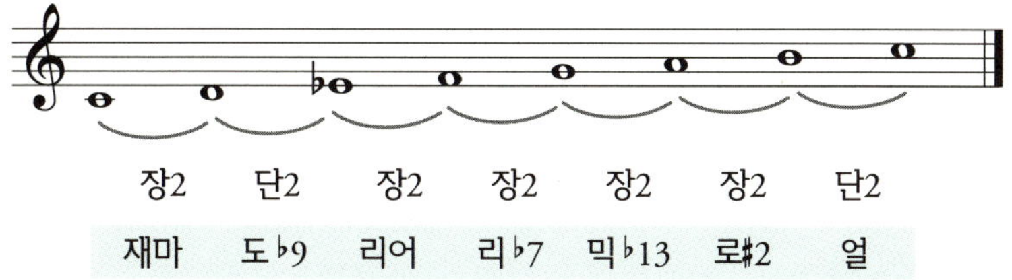

▶ *check 1* 다음 7가지 모드를 Jazz minor scale에서 파생되는 순서대로 나열하세요.

Mixolydian ♭13, Dorian ♭9, Locrian #2, Lydian ♭7, Altered,

Jazz minor, Lydian augmented

▶ *check 2* G Dorian ♭9은 어떤 Jazz minor scale에서 파생 된 모드일까요?

① F Jazz minor scale ② A♭ Jazz minor scale

③ E Jazz minor scale ④ G Jazz minor scale

▶ *check 3*

① Jazz minor scale의 음정 순서는?

② Altered scale의 음정 순서는?

☆ **복습** 상행하는 가락단음계는 자연단음계의 6, 7음을 반음 올린 것입니다. unit26 참조

unit 57 Jazz minor scale에서 파생 된 모드 구하기

Jazz minor scale에서 파생 된 모드들은 음정 순서로 구하는 것이 가장 좋은 방법입니다.

mode name	음정 순서(2도)
Jazz minor	장-단-장-장-장-장-단
Dorian ♭9	단-장-장-장-장-단-장
Lydian augmented	장-장-장-장-단-장-단
Lydian ♭7	장-장-장-단-장-단-장
Mixolydian ♭13	장-장-단-장-단-장-장
Locrian ♯2	장-단-장-단-장-장-장
Altered	단-장-단-장-장-장-장

이름을 보고 구성음에 임시표를 추가로 붙여서 모드를 구할 수도 있습니다. (Altered scale제외)

* Jazz minor scale에서 파생 된 모드들은 한 가지 이상으로 불릴 수 있습니다.

Altered scale은 이명동음을 이용해 다음과 같이 바꿔서도 많이 생각합니다.

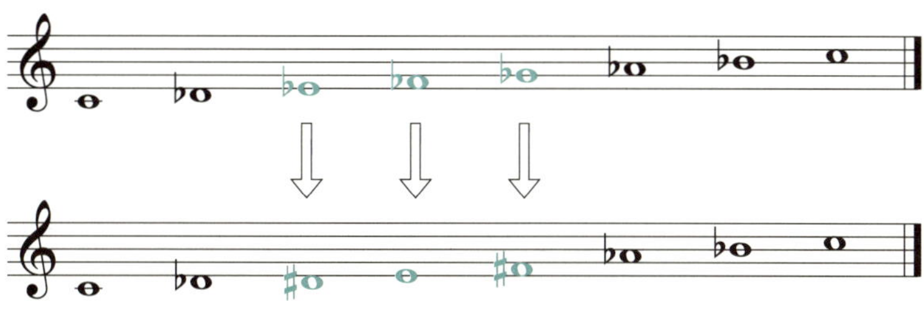

C Altered scale

다음 모드를 그려보세요.

① C Dorian ♭9

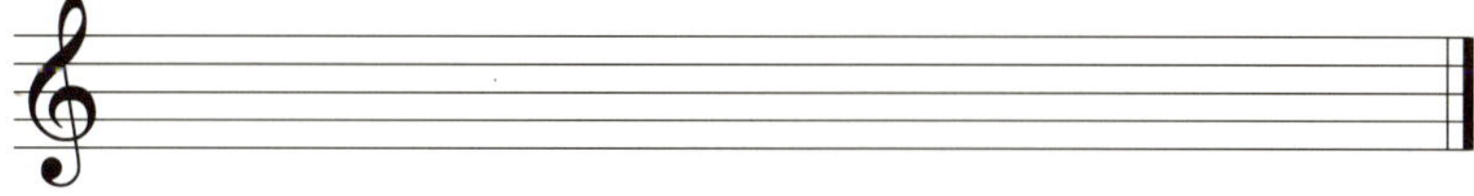

② F Locrian ♯2

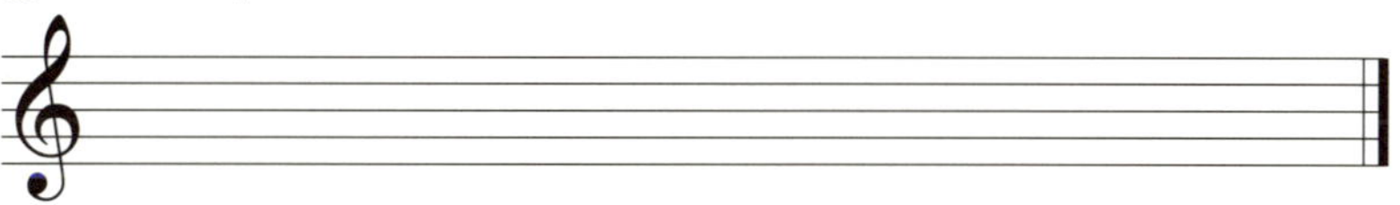

▶ *check 2* 다음 모드의 이름을 구해보세요.

①

②

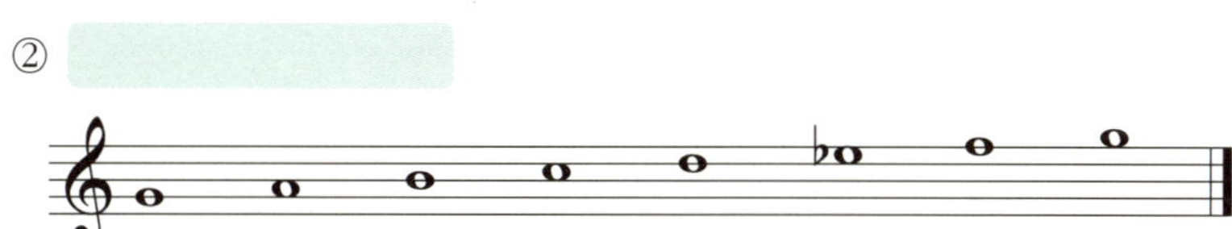

unit 58 코드와 모드의 관계

코드와 스케일은 밀접한 관계가 있습니다. C Major 코드의 구성음 '도-미-솔'은 C Major scale의 구성음이고 C minor 코드의 '도-미♭-솔'은 C minor scale의 구성음입니다.

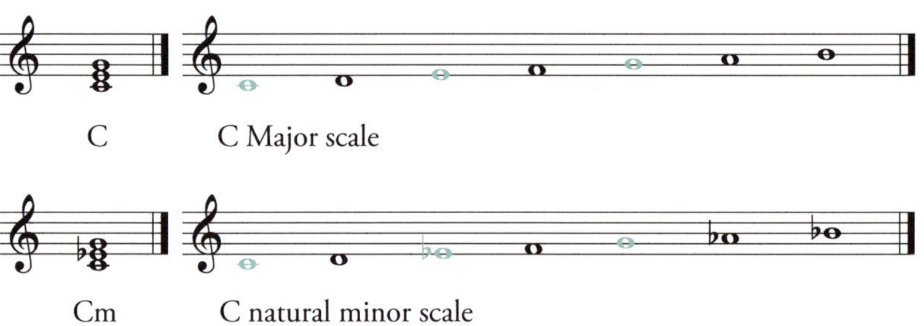

이런 관계를 이용하면 Major scale과 minor scale외에 특정 코드에서 사용할 수 있는 모드를 찾을 수 있습니다.
코드에 사용할 수 있는 모드를 구하는 방법은 다음과 같습니다.

1) 9, 11, 13음이 모두 있는 경우

9, 11, 13음이 모두 있는 텐션코드는 구성음이 7개가 되므로 스케일 형태로 펼쳐서 사용할 수 있는 모드를 찾을 수 있습니다.

① 문제로 주어진 텐션코드의 구성음을 구합니다.

② 구성음을 스케일 형태로 펼칩니다.

② 모드 구하는 방법으로 스케일의 이름을 찾습니다.

문제	CM9(♯11,13)
①	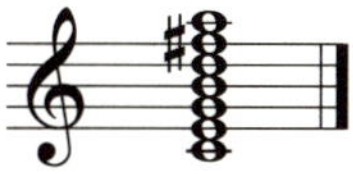
②	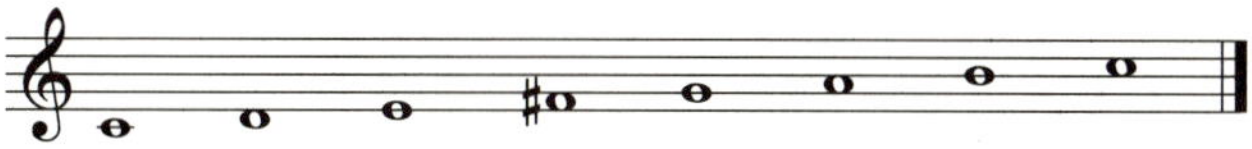
③	 장 장 장 단 장 장 단 C Lydian

문제	CmM13
①	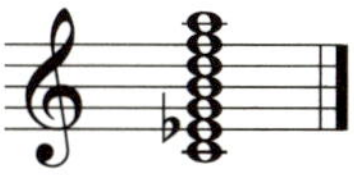
②	
③	 장 단 장 장 장 장 단 C Jazz minor

2) 9, 11, 13음 중에 빠진 음이 있는 경우

9, 11, 13음 중에 빠진 음이 있어도 그 자리를 텐션음으로 채워서 관련 있는 스케일을 찾을 수 있습니다.

① 문제로 주어진 코드의 구성음을 찾습니다.

② 구성음을 스케일 형태로 펼칩니다.

③ 빠진 자리에 텐션음을 추가합니다.

④ 스케일의 이름을 찾습니다.

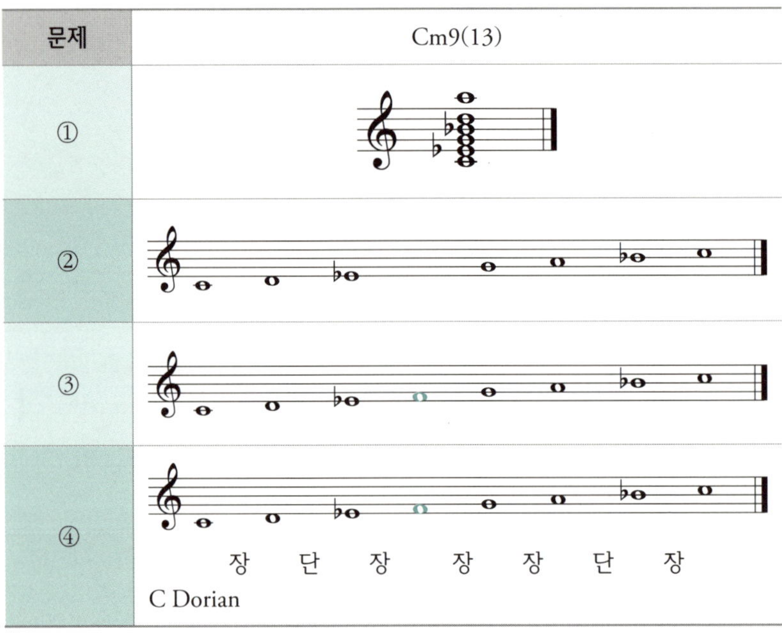

문제
Cm9(13)
①
②
③
④
장 단 장 장 장 단 장
C Dorian

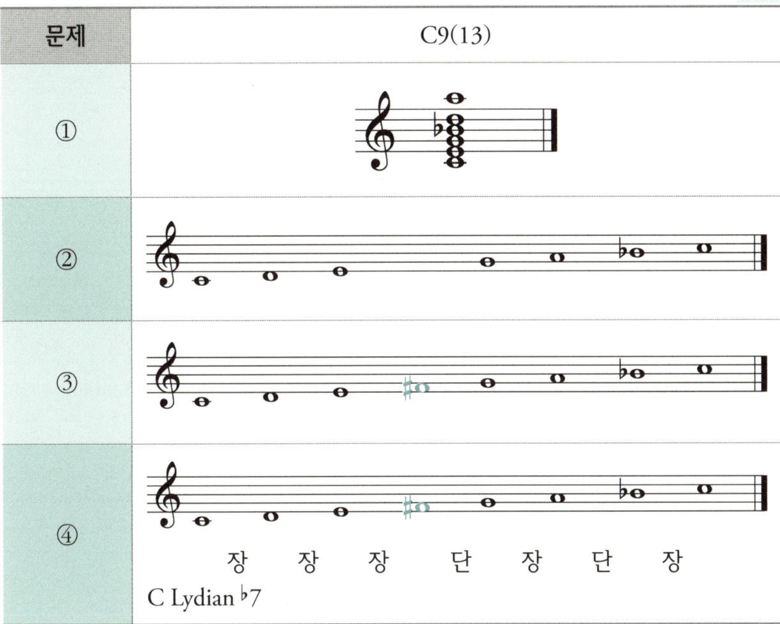

빠진 자리에 어보이드 노트를 넣어서 관련 모드를 찾을 수도 있습니다.

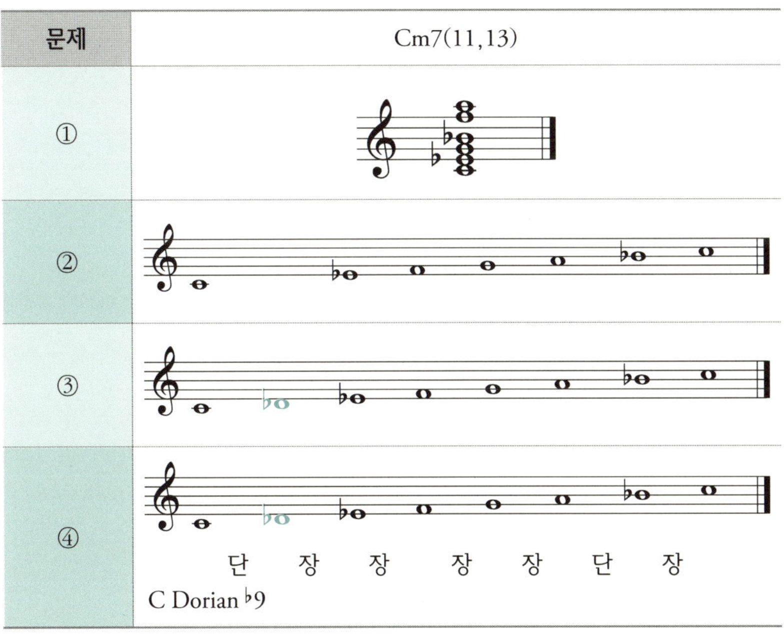

아래 표는 7화음 별로 자주 사용되는 모드를 정리한 것입니다.

( )의 음은 어보이드 노트입니다.

3화음	7음	mode
M	M7	Ionian(11), Lydian
	7	Mixolydian(11), Mixolydian ♭13(11), Lydian ♭7, Altered
m	M7	Jazz minor
	7	Dorian, Dorian ♭9(♭9), Phrygian(♭9, ♭13), Aeolian(♭13)
aug	M7	Lydian augmented(13)
dim	7	Locrian(♭9), Locrian ♯2

▶ *check*

1) augM7 코드에 사용할 수 있는 모드를 고르세요.

① Dorian ② Lydian ③ Lydian augmented ④ Phrygian

2) m7 코드에 사용할 수 없는 모드를 고르세요.

① Dorian ② Phrygian ③ Ionian ④ Aeolian

연습문제 10-1

1. 다음 모드를 그려보세요.

1) E Locrian ♯2

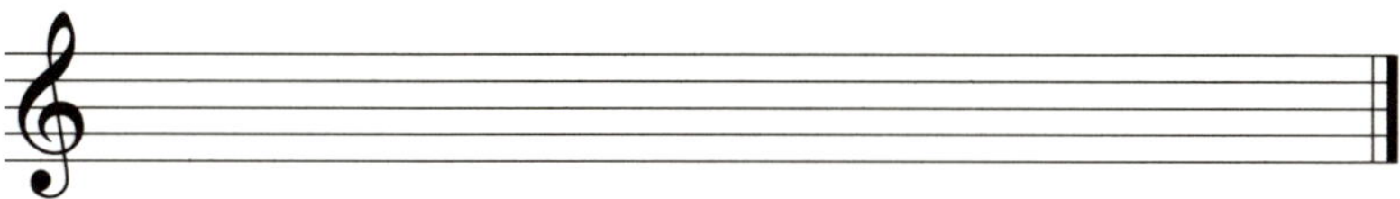

2) D♭ Mixolydian ♭13

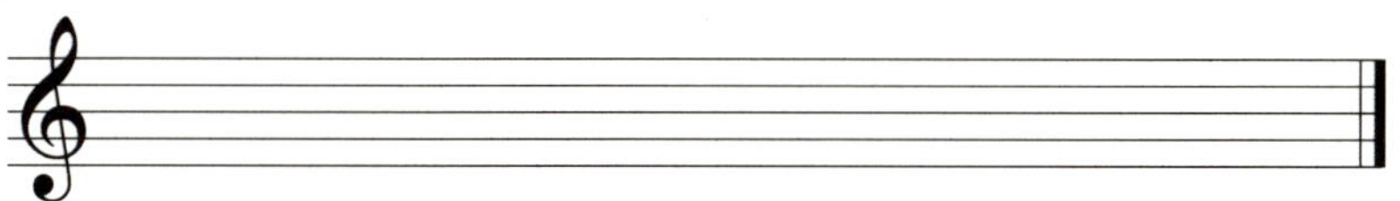

2. 다음 모드의 이름을 구해보세요.

3. 다음 코드에 사용할 수 있는 가장 적절한 모드를 그리고 이름을 적어 보세요.

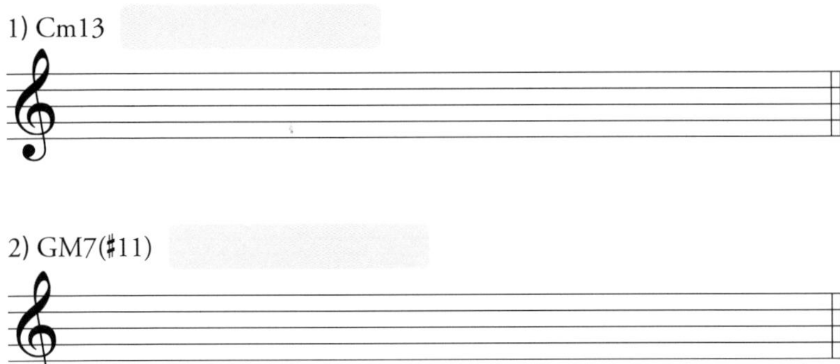

4. 다음 모드의 이름을 적고 사용할 수 있는 가장 적절한 코드를 적어보세요.

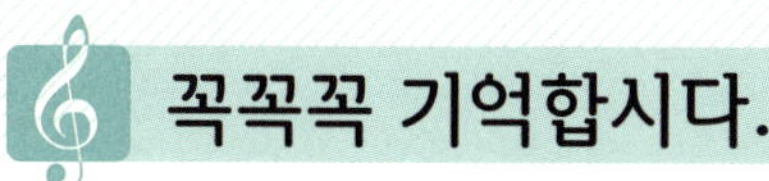

1. Jazz minor scale에서 파생 되는 모드와 음정 순서는 다음과 같습니다.

mode name	음정 순서(2도)
Jazz minor	장-단-장-장-장-장-단
Dorian ♭9	단-장-장-장-장-단-장
Lydian augmented	장-장-장-장-단-장-단
Lydian ♭7	장-장-장-단-장-단-장
Mixolydian ♭13	장-장-단-장-단-장-장
Locrian ♯2	장-단-장-단-장-장-장
Altered scale	단-장-단-장-장-장-장

2. 7화음과 텐션코드는 스케일 형태로 펼쳐서, 적용할 수 있는 모드를 찾을 수 있습니다.

3. 7코드에서 자주 사용되는 모드는 다음과 같습니다.

(　)의 음은 어보이드 노트입니다.

3화음	7음	mode
M	M7	Ionian(11), Lydian
	7	Mixolydian(11), Mixolydian ♭13(11), Lydian ♭7, Altered
m	M7	Jazz minor
	7	Dorian, Dorian ♭9(♭9), Phrygian(♭9, ♭13), Aeolian(♭13)
aug	M7	Lydian augmented(13)
dim	7	Locrian(♭9), Locrian ♯2

unit 59 그 밖의 스케일

지금 까지 알아본 스케일 이외에도 한 옥타브가 5음계, 6음계, 8음계인 스케일이 있습니다.

1) 5음계 - Pentatonic 메이저 펜타토닉, 마이너 펜타토닉

Penta는 숫자 5를 의미합니다. 5음계의 스케일을 Pentatonic이라고 부르며 Major Pentatonic과 minor Pentatonic이 있습니다.

(1) Major Pentatonic 구하는 방법

① Major scale을 구합니다.

② 4음, 7음을 지워 줍니다.

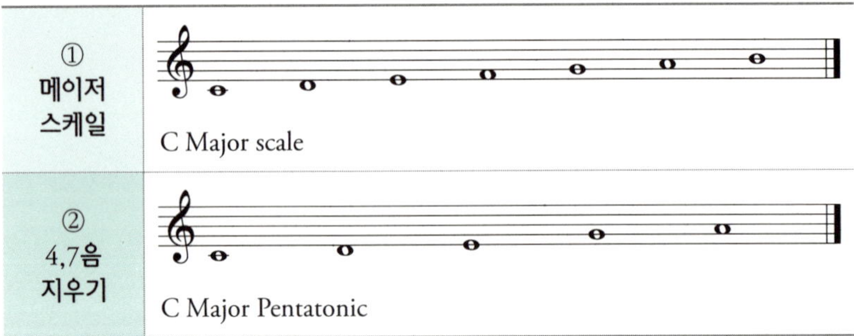

① 메이저 스케일
C Major scale
② 4,7음 지우기
C Major Pentatonic

(2) minor Pentatonic 구하는 방법

① 자연단음계를 구합니다.

② 2음, 6음을 지워 줍니다.

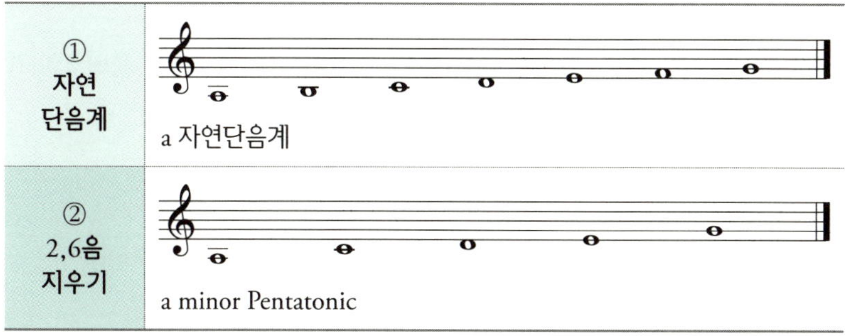

2) 6음계 - Blues scale, Whole tone scale

6음계는 블루스 음악에 주로 사용되는 Blues scale과 모든 음이 온음 whole tone으로 이루어진 Whole tone scale이 있습니다.

(1) Blues scale 구하는 방법

① 자연단음계를 구합니다.

② 2음, 6음을 지웁니다. minor Pentatonic

③ 근음으로부터 감5도[★] 위의 음을 추가합니다.

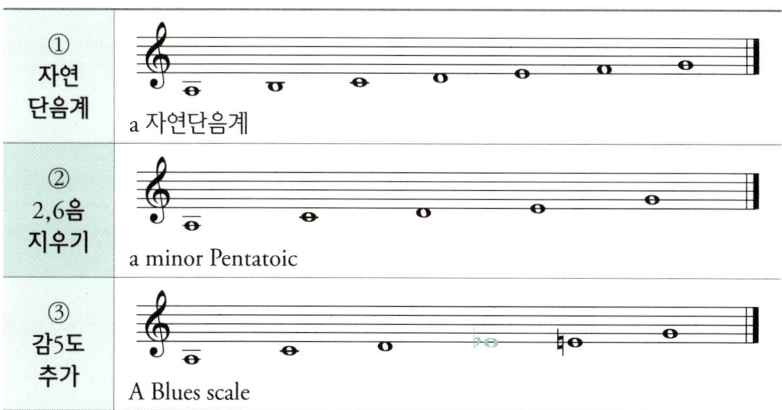

① 자연 단음계
a 자연단음계
② 2,6음 지우기
a minor Pentatoic
③ 감5도 추가
A Blues scale

★ **복습 음정 구하기 : 1, 4, 5, 8도 음정은 [완전, 증, 감]이 붙습니다. unit3 참조**

(2) Whole tone scale 구하는 방법

① 으뜸음부터 한옥타브 위의 으뜸음까지 임시표를 사용해서 모든 음의 사이가 온음이 되도록 만들어줍니다.

C Whole tone scale

3) 8음계 - Diminished scale

(1) Whole-half Diminished scale 구하는 방법

두음의 간격이 순차적으로 온음과 반음으로 이루어진 스케일입니다.

① 으뜸음에서 부터 온음, 반음이 반복 되도록 임시표를 사용하여 8개의 음을 그려줍니다.

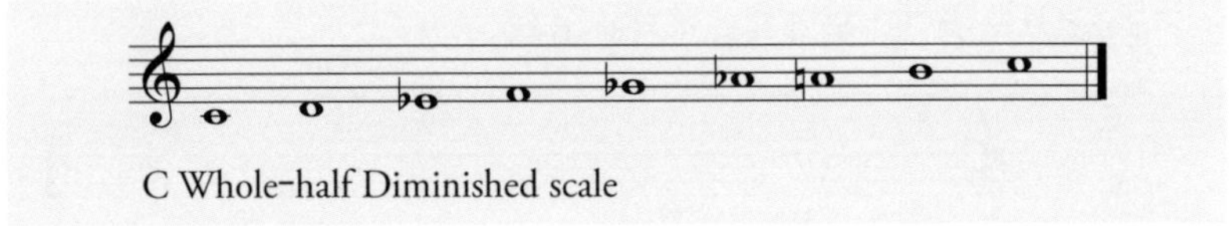
C Whole-half Diminished scale

(2) Half-whole Diminished scale 구하는 방법

두음의 간격이 순차적으로 반음과 온음으로 이루어진 스케일입니다.

① 으뜸음에서 부터 반음, 온음이 반복 되도록 임시표를 사용하여 8개의 음을 그려줍니다.

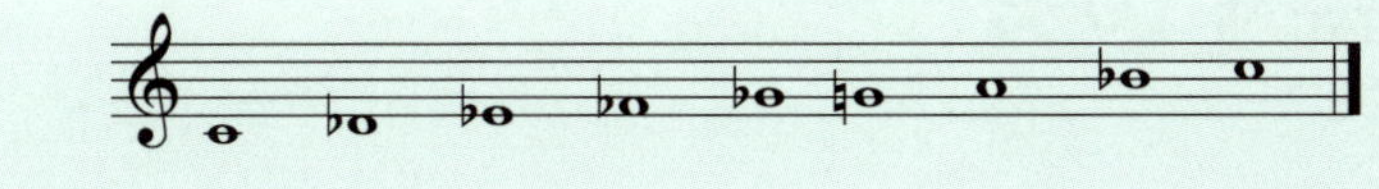

C Half-whole Diminished scale

check 다음 scale을 그려보세요.

① G Blues scale

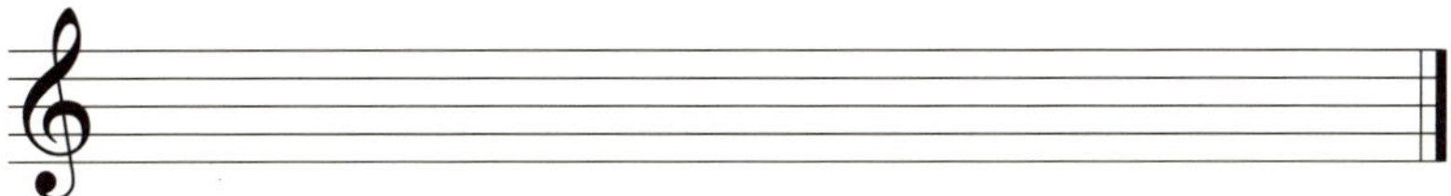

② A♭ Half-whole Diminished scale

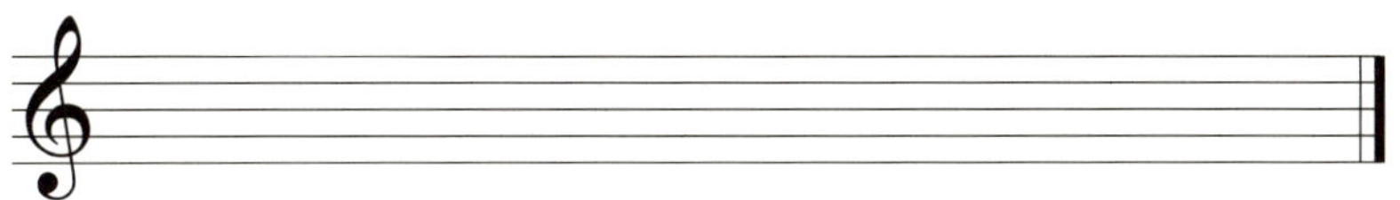

* Whole tone scale, Diminished scale은 이명동음으로도 표시할 수 있습니다.

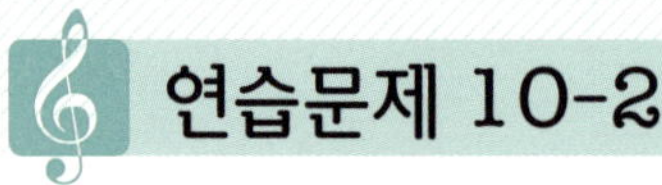

연습문제 10-2

1. 다음 스케일을 그려보세요.

1) G Major Pentatonic scale

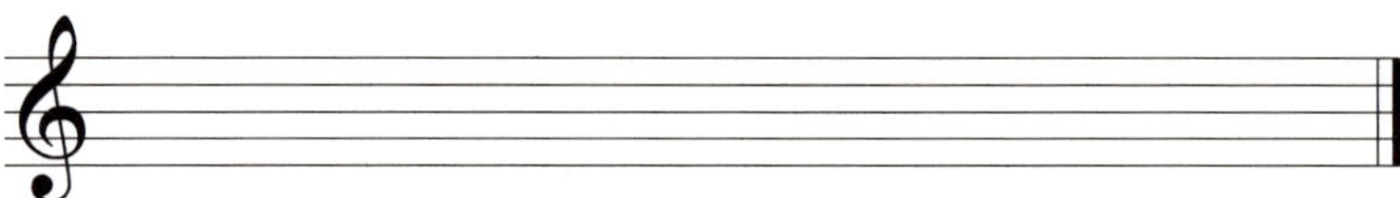

2) C♯ Half-whole Diminished scale

2. 다음 스케일의 이름을 구해보세요.

1)

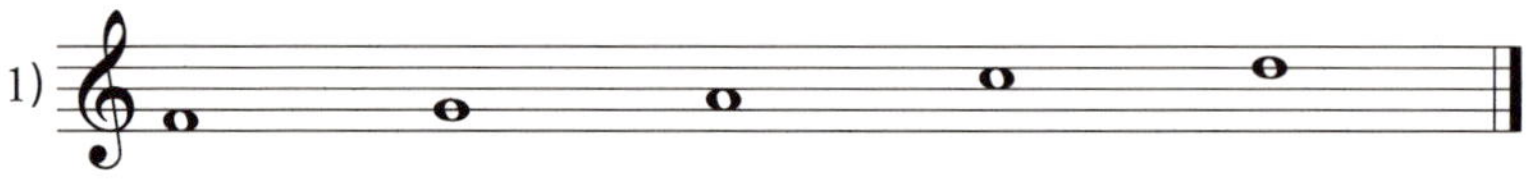

2)

복습문제 10

1. 조표를 이용해 다음 마이너 스케일을 그려보세요.

1) e natural minor scale

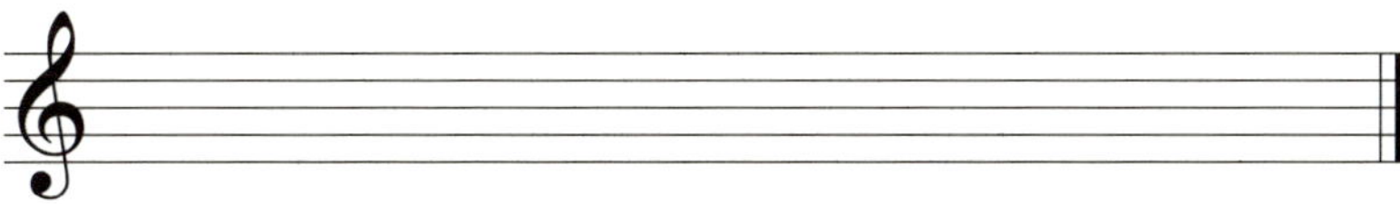

2) g harmonic minor scale

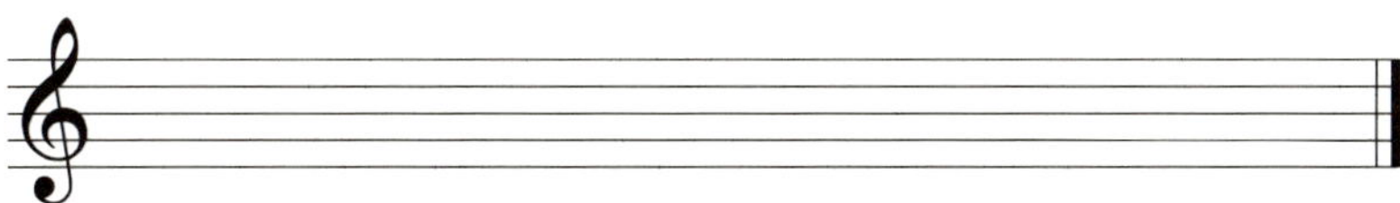

3) b melodic minor scale

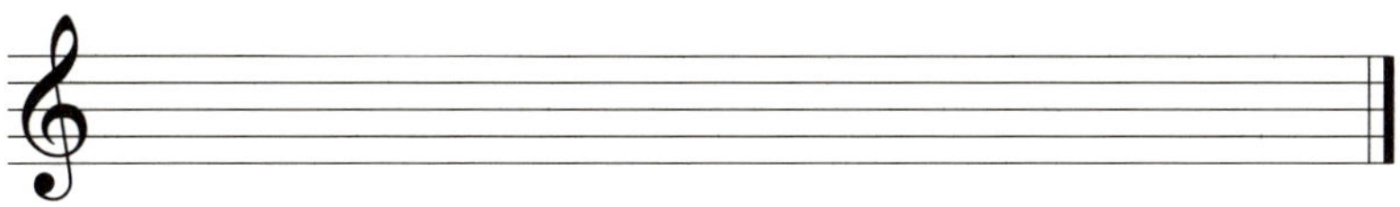

2. 다음 코드의 이름을 적고 사용 가능한 텐션음을 구해보세요.

1)

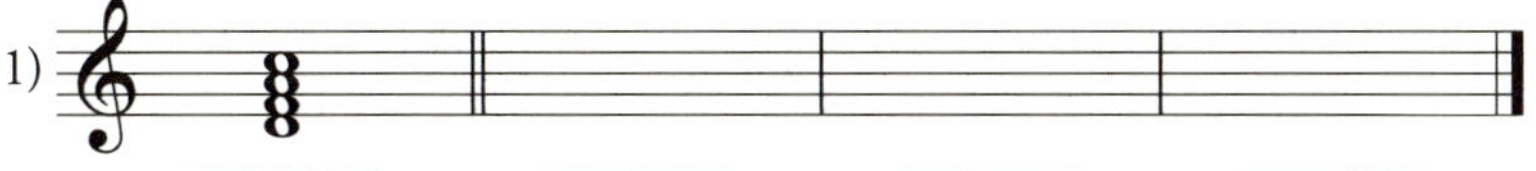

2)

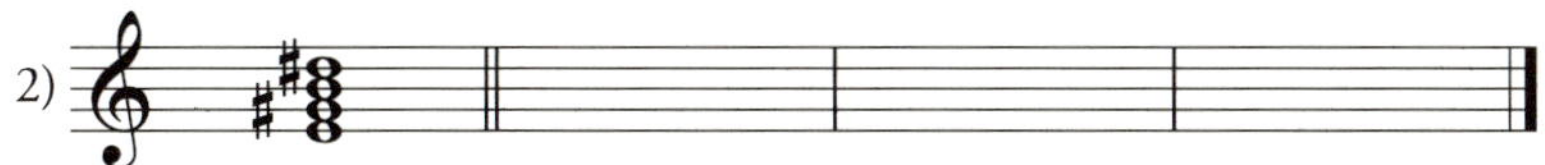

3)

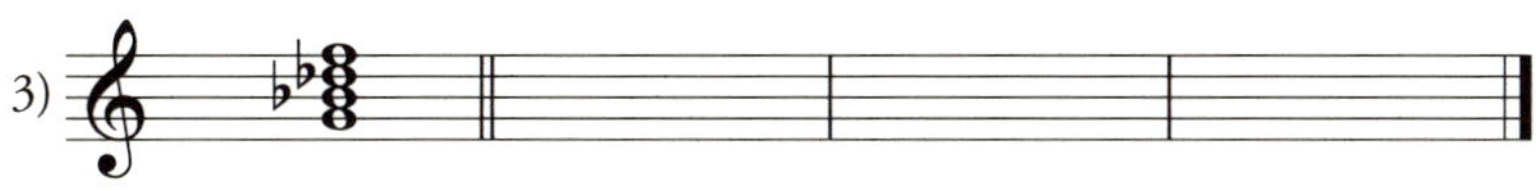

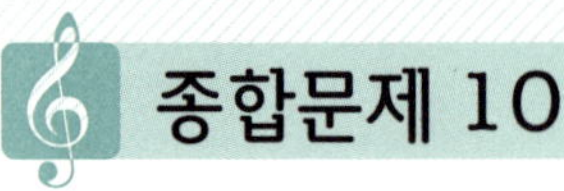

1. 주어진 모드를 그려보세요.

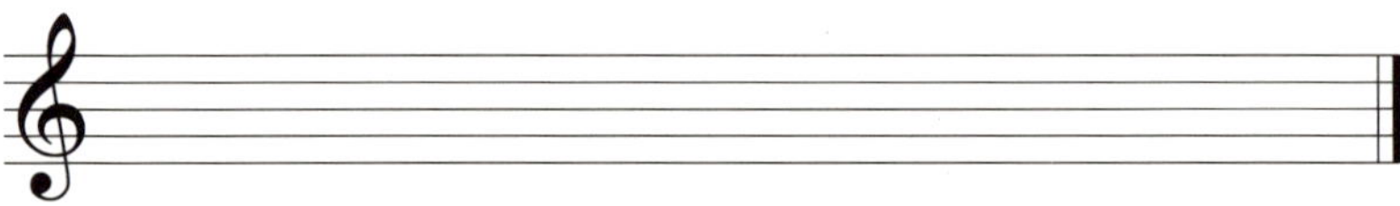

2) E♭ Locrian ♯2

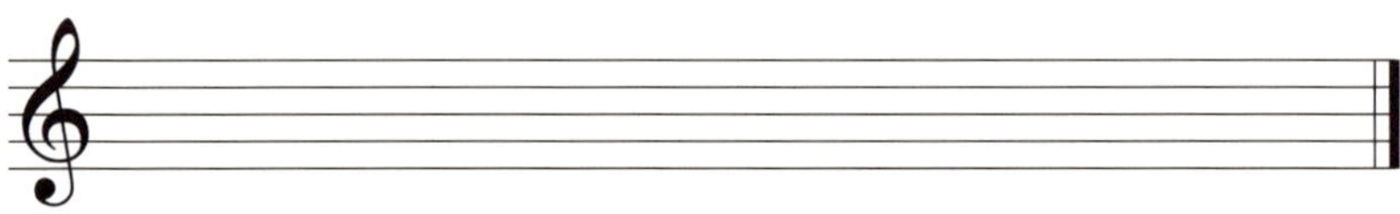

3) F Blues scale

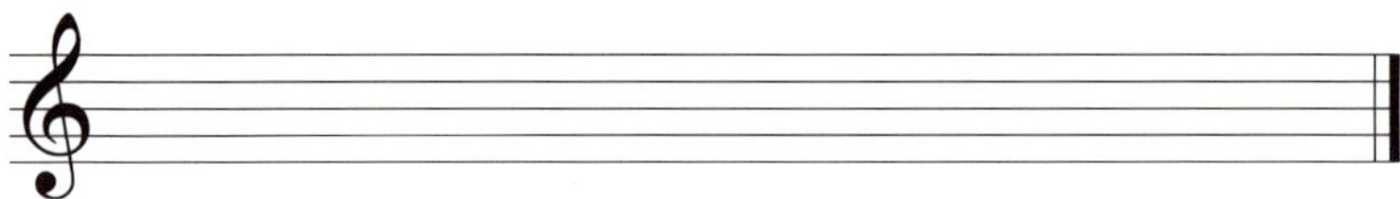

4) G Whole-half Diminished scale

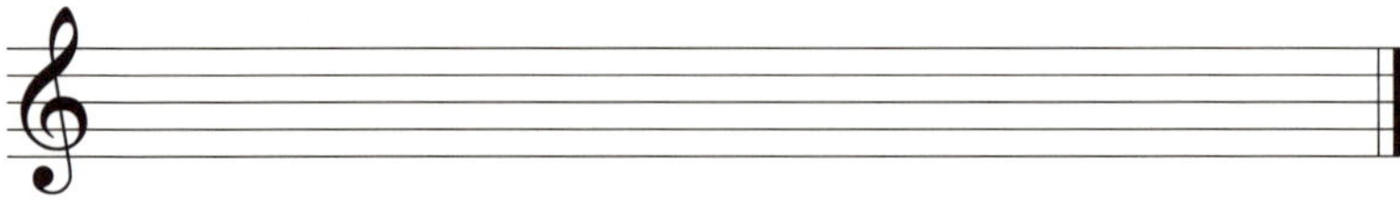

2. 다음 스케일의 이름을 구해보세요.

1)

2)

3)

4)

3. 다음 코드가 나올 때 연주할 수 있는 모드를 악보에 그리고 이름을 적어보세요.

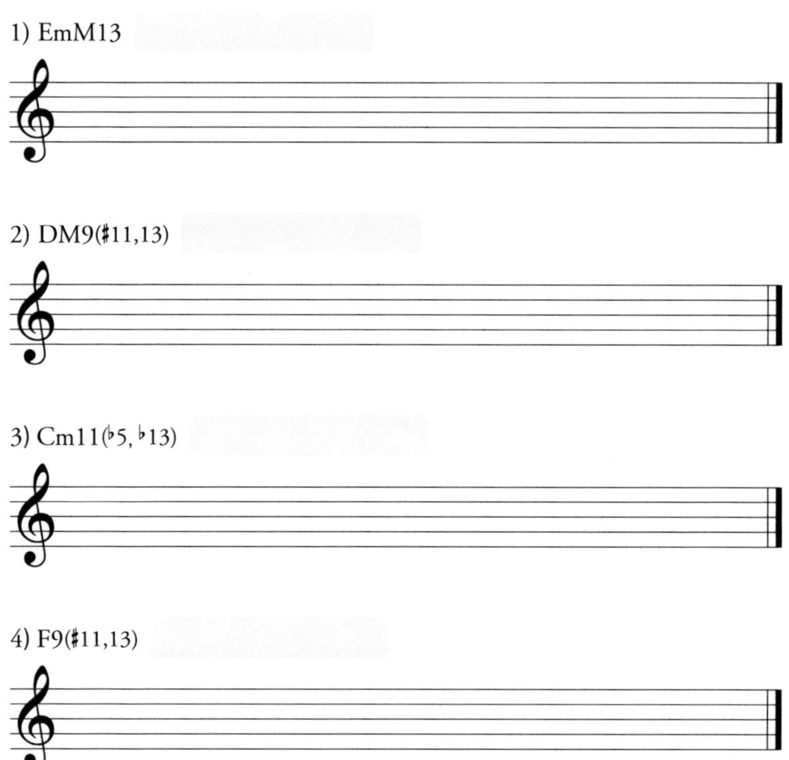

4. 다음 모드 이름을 구하고 어울리는 코드를 적어보세요.

1)

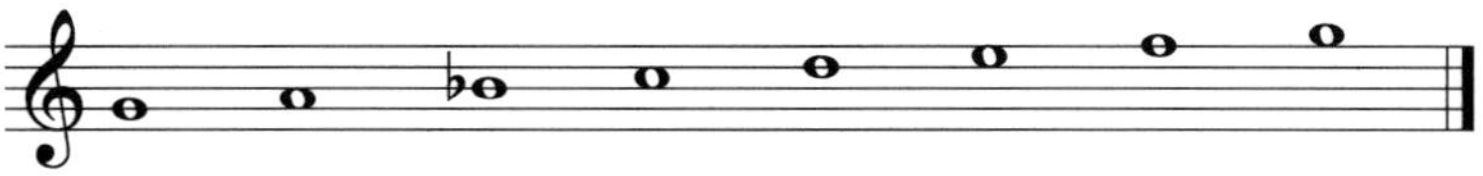

2)

3)

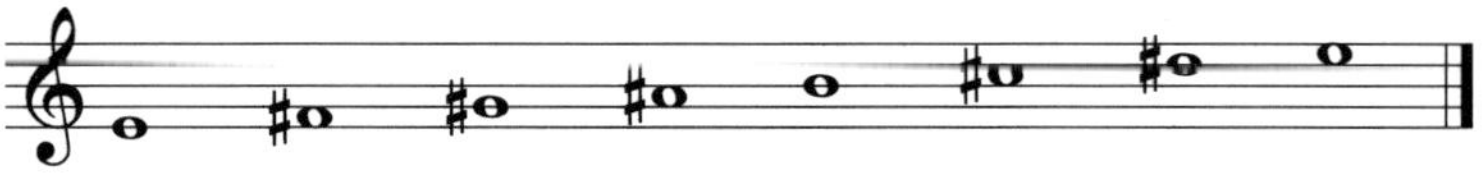

4)

11

다이아토닉 7th 코드와 텐션코드

/

27-29강

unit 60

Diatonic 7th Chords

온음계 위로 3도씩 음을 두 번 쌓아서 만든 3화음을 Diatonic Triad라고 합니다.

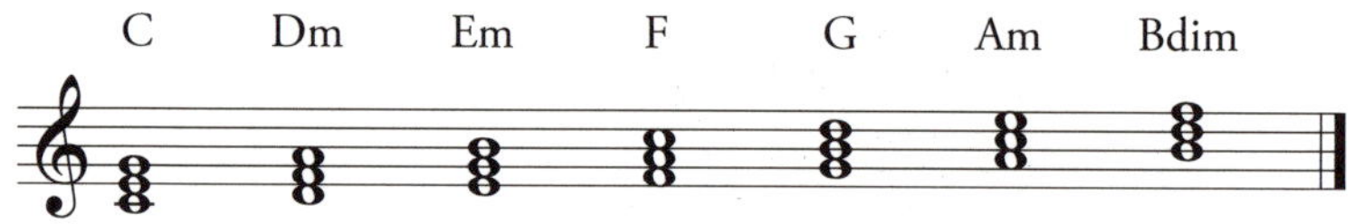

C Diatonic Triad

이렇게 완성된 Diatonic Triad에 7음을 위로 추가하면 7화음으로 이루어진 Diatonic Chords가 만들어 집니다. 이것을 Diatonic 7th Chords라고 부릅니다.

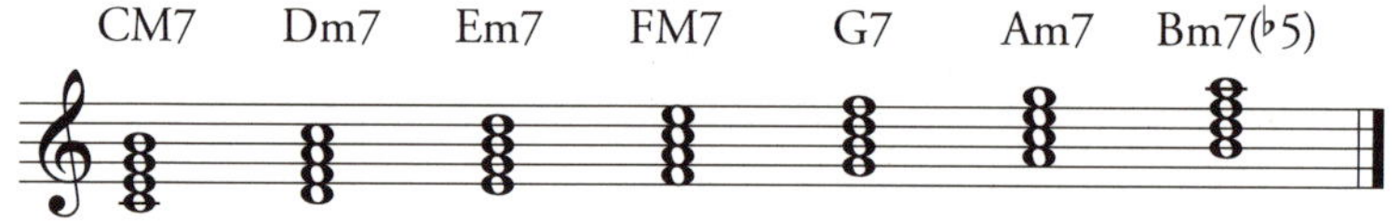

C Diatonic 7th Chords

즉, 온음계 위에 3도씩 쌓아서 3개의 음으로 화음을 만들면 Diatonic Triad이고 4개의 음으로 화음을 만들면 Diatonic 7th Chords입니다.

영어로는 Triad와 7th가 이름부터 명확하게 구분 되는 반면 우리나라에서는 Diatonic Triad와 Diatonic 7th Chords를 '다이아토닉 코드' 라고 통칭해서 부르는 경우가 많습니다.

Diatonic 7th Chords에서 주의해야 하는 것은 쌓여진 7음이 한 종류가 아니라 M7과 7 두 종류라는 점입니다.

근음과 장7도 차이가 나는 7음은 'M7', 단7도 차이가 나는 7음은 '7'입니다.

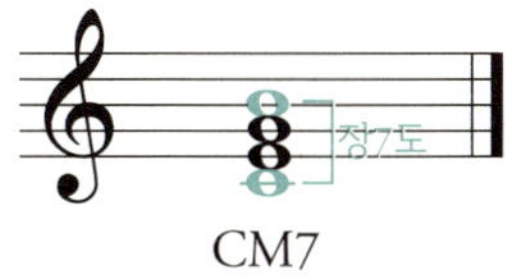

CM7

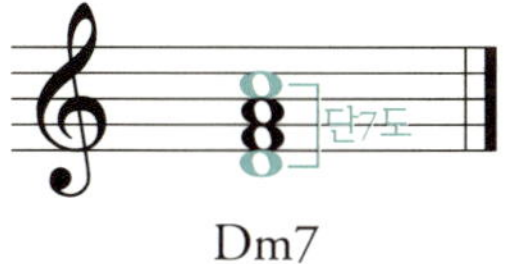

Dm7

▶ *check 1* **다음 코드에 7음을 쌓고 코드 이름을 적어보세요.**

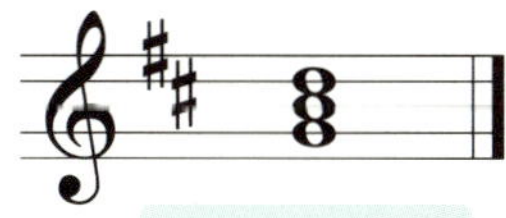

▶ *check 2* **다음 조의 다이아토닉 7th 코드를 조표를 사용하여 그리고 코드 이름을 적어보세요.**

E♭ Major key

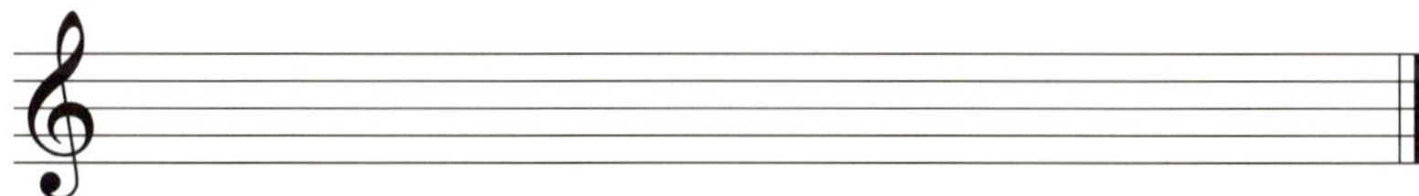

복습 7화음에 쓰일 수 있는 7음의 종류는 M7, 7, dim7 3가지입니다. unit31참조

unit 61 Diatonic 7th Chords의 도수

다이아토닉 코드는 일정한 순서로 만들어 집니다. 그래서 규칙적인 코드 성질을 도수로 쓸 수 있습니다. Diatonic 7th Chords는 Diatonic Triad의 코드 성질을 기본으로, 쌓은 7음이 M7 장7도인지 7 단7도인지를 주의 하여 구합니다.

1) 메이저 다이아토닉 7th 코드의 도수 법칙

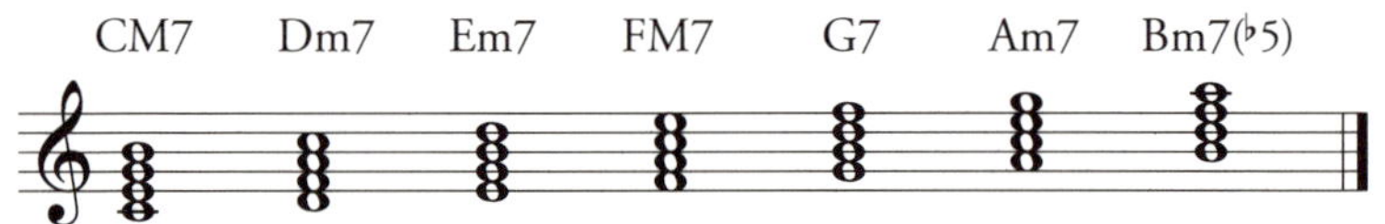

구분	1도	2도	3도	4도	5도	6도	7도
Triad	I	IIm	IIIm	IV	V	VIm	VII°
7음	M7	7	7	M7	7	7	7
7th	IM7	IIm7	IIIm7	IVM7	V7	VIm7	VIIm7(♭5)

check 1 **도수를 이용하여 주어진 조의 메이저 다이아토닉 7th 코드를 구해보세요.**

E Major key

복습 도수로 다이아토닉 코드를 구할 때는 ① 알파벳을 순서대로 적은 후, ② 조표를 구해 알파벳에 써주고, ③ 도수 별 코드 성질을 적어 마무리합니다. unit28참조

2) 마이너 다이아토닉 7th 코드의 종류

단음계는 자연, 화성, 가락단음계 3가지가 있습니다. 그래서 마이너 다이아토닉 7th 코드도 3가지로 나누어집니다.

구분	마이너 다이아토닉 7th 코드						
자연단음계	Am7	Bm7(♭5)	CM7	Dm7	Em7	FM7	G7 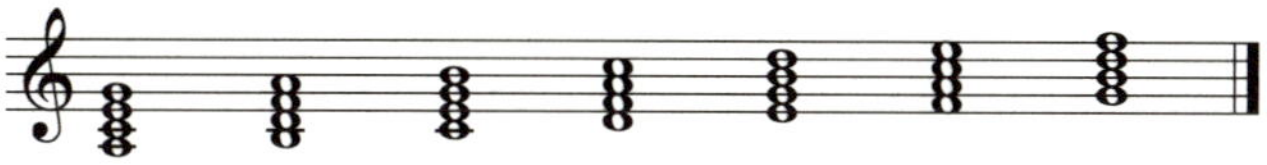
화성단음계	AmM7	Bm7(♭5)	CaugM7	Dm7	E7	FM7	G♯dim7 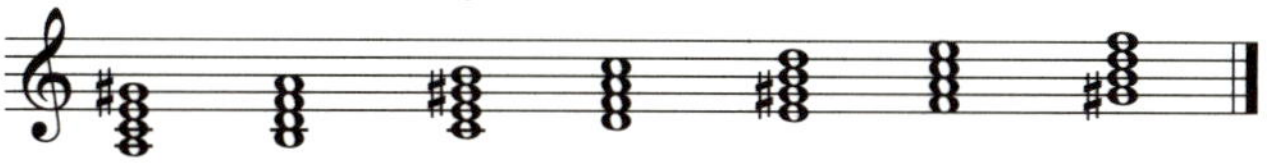
가락단음계 (상행)	AmM7	Bm7	CaugM7	D7	E7	F♯m7(♭5)	G♯m7(♭5) 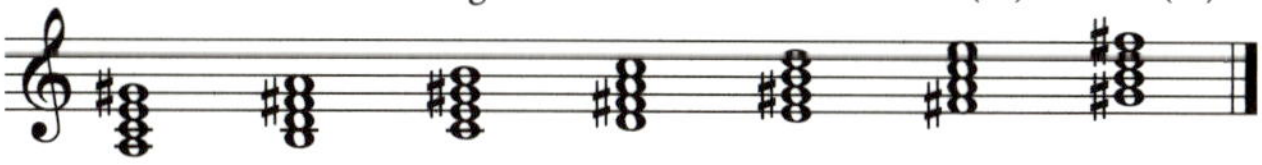

복습 단음계 구하기 : unit26

- 단조의 으뜸음은 장조에서 단3도 내려서 구합니다.
- 단음계는 자연, 화성, 가락 3가지가 있습니다.
- 단조의 으뜸음으로부터 2도씩 7개의 음을 그리면 자연단음계가 됩니다.
- 화성단음계는 자연단음계에서 7음을 반음 올려줍니다.
- 가락단음계는 자연단음계에서 6, 7음을 반음 올려줍니다.

  하생 시는 6, 7음을 다시 반음 내립니다.

3) 마이너 다이아토닉 7th 코드의 도수 법칙

마이너 다이아토닉 7th 코드의 도수를 정리하면 다음과 같습니다.

① 네추럴 마이너 다이아토닉 7th 코드

구분	1도	2도	3도	4도	5도	6도	7도
Triad	Im	II°	III	IVm	Vm	VI	VII
7음	7	7	M7	7	7	M7	7
7th	Im7	IIm7(♭5)	IIIM7	IVm7	Vm7	VIM7	VII7

② 하모닉 마이너 다이아토닉 7th 코드

구분	1도	2도	3도	4도	5도	6도	7도
Triad	Im	II°	III+	IVm	V	VI	VII°
7음	M7	7	M7	7	7	M7	dim7
7th	ImM7	IIm7(♭5)	III+M7	IVm7	V7	VIM7	VII°7

③ 멜로딕 마이너 다이아토닉 7th 코드(상행)

구분	1도	2도	3도	4도	5도	6도	7도
Triad	Im	IIm	III+	IV	V	VI°	VII°
7음	M7	7	M7	7	7	7	7
7th	ImM7	IIm7	III+M7	IV7	V7	VIm7(♭5)	VIIm7(♭5)

* 마이너 다이아토닉의 도수는 Major scale을 기준으로 변화되는 음의 숫자 앞에 임시표를 넣어 ♭III, ♭VI, ♭VII처럼 표기할 수도 있습니다.

check 2 **조표를 이용해 다음 마이너 다이아토닉 7th 코드를 그리고 이름을 적어보세요.**

① g natural

② f# harmonic

③ d melodic 상행

check 3 **도수를 이용해 다음 마이너 다이아토닉 7th 코드를 구해보세요.**

① e natural

③ g# harmonic

③ f melodic 상행

연습문제 11-1

1. F key 의 다이아토닉 7th 코드가 아닌 것은?

① Gm7 ② B♭7 ③ C7 ④ FM7

2. E key 의 다이아토닉 7th 코드가 아닌 것은?

① AM7 ② BM7 ③ G♯m7 ④ D♯m7(♭5)

3. g natural minor 의 Ⅲ의 7th 코드는?

① Gm7 ② B♭M7 ③ Am7(♭5) ④ B♭m7(♭5)

4. e harmonic minor 의 Ⅳm 의 7th 코드는?

① EmM7 ② CM7 ③ Am7 ④ Am7(♭5)

5. f♯ melodic minor 의 Ⅶ°의 7th 코드는?

① AaugM7 ② E♯m7(♭5) ③ Em7(♭5) ④ G♯m7

6. 조표를 이용해 D Diatonic 7th 코드를 그리고 이름을 적어보세요.

7. b♭ natural Diatonic 7th 코드를 도수로 구해보세요.

8. b harmonic Diatonic 7th 코드를 도수로 구해보세요.

9. g♯ melodic Diatonic 7th 상행 코드를 도수로 구해보세요.

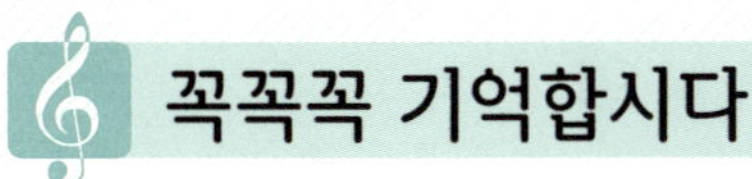

꼭꼭꼭 기억합시다.

1. 온음계 위에 3도씩 3번 쌓아 만든 7화음을 다이아토닉 7th 코드라고 합니다.

2. 다이아토닉 7th 코드 별 도수 법칙은 다음과 같습니다.

① 메이저 다이아토닉 7th 코드

구분	1도	2도	3도	4도	5도	6도	7도
7th	IM7	IIm7	IIIm7	IVM7	V7	VIm7	VIIm7(♭5)

② 네추럴 마이너 다이아토닉 7th 코드

구분	1도	2도	3도	4도	5도	6도	7도
7th	Im7	IIm7(♭5)	IIIM7	IVm7	Vm7	VIM7	VII7

③ 하모닉 마이너 다이아토닉 7th 코드

구분	1도	2도	3도	4도	5도	6도	7도
7th	ImM7	IIm7(♭5)	III+M7	IVm7	V7	VIM7	VII°7

④ 멜로딕 마이너 다이아토닉 7th 코드 상행

구분	1도	2도	3도	4도	5도	6도	7도
7th	ImM7	IIm7	III+M7	IV7	V7	VIm7(♭5)	VIIm7(♭5)

unit 62 Diatonic 7th Chords의 텐션음 구성 원리

가장 기본적인 텐션코드는 다이아토닉 7th 코드 위로 텐션음을 쌓는 것입니다. 이 경우 텐션음은 온음계에 속한 음이 됩니다. 예를 들어 C key의 CM7에 사용 가능한 텐션음은✩ 9음(레), #11음(파#), 13음(라)이지만 다이아토닉 코드 안에서 생각할 때는 #11(파#)은 온음계에서 쌓을 수 없으므로 텐션음으로 사용하지 않습니다.

1) 다이아토닉 7th 코드의 텐션음 구성 원리

ex | C key

① 다이아토닉 7th 코드 위로 9, 11, 13음을 쌓아줍니다.

② 어보이드 노트를 지워 줍니다.✩ 화성음과 장2도(장9도)차이가 나지 않는 음

③ 코드의 기본 성질을 바꾸는 텐션음을 지워 줍니다. IIm7의 13음

문제	C 메이저 다이아토닉 코드
①	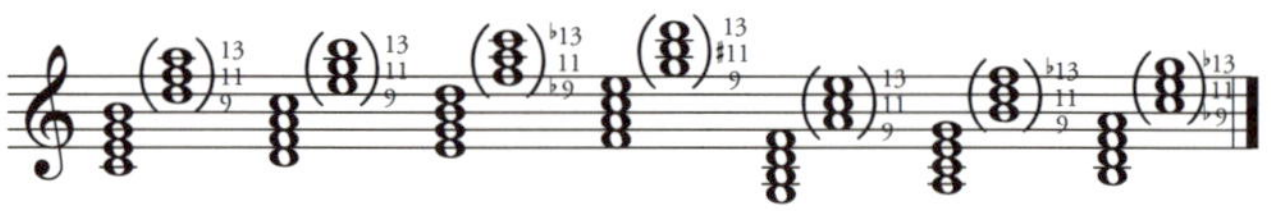 13 11 9 / 13 11 9 / ♭13 11 ♭9 / 13 #11 9 / 13 11 9 / ♭13 11 9 / ♭13 11 ♭9
②	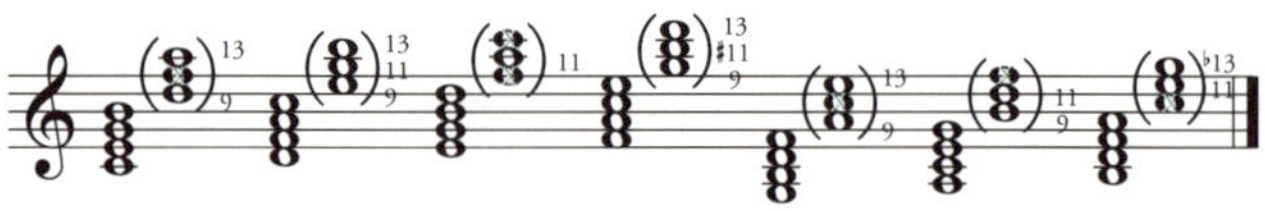 13 9 / 13 11 9 / 11 / 13 #11 9 / 13 9 / 11 9 / ♭13 11
③	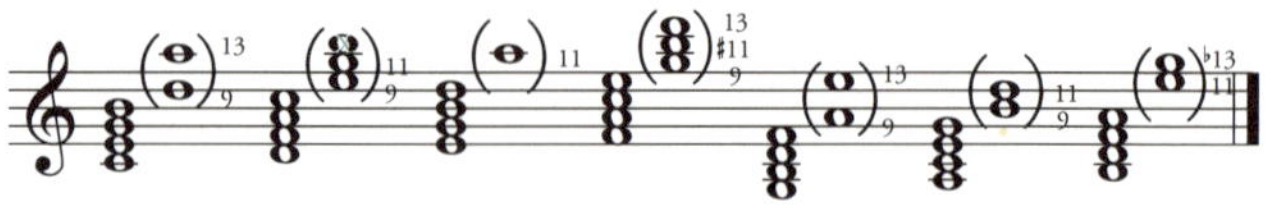 13 9 / 11 9 / 11 / 13 #11 9 / 13 9 / 11 9 / ♭13 11

✩ **복습** 사용 가능한 텐션음은 3화음의 구성음과 장2도 차이가 나야합니다. unit39

IIm7의 13음은 화성음과 장2도 차이가 나지만 V7과 비슷한 소리가 납니다. 이렇게 코드 본래의 성질이 변하여 들리는 경우는 텐션음으로 사용하지 않습니다. 그래서 IIm7의 13음은 텐션음으로 사용하지 않습니다.

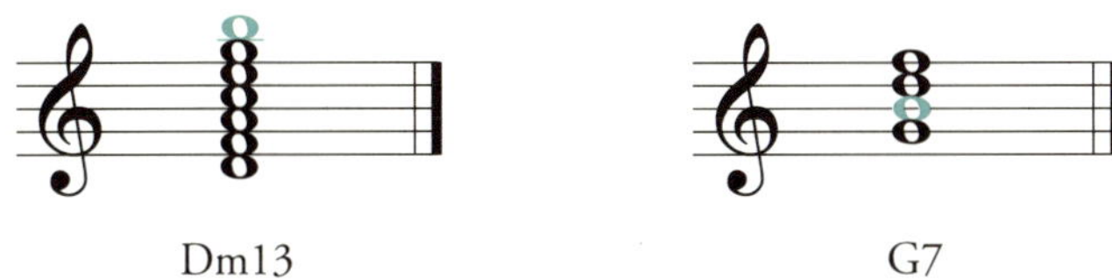

Dm13 G7

메이저 다이아토닉 7화음에 쌓을 수 있는 텐션음을 정리하면 다음과 같습니다. 도수에 맞춰 사용 가능한 텐션음이 정해져있기 때문에 외우는 것이 좋습니다.

Diatonic 7th chords	IM7	IIm7	IIIm7	IVM7	V7	VIm7	VIIm7(♭5)
사용 가능한 텐션음	9	9		9	9	9	
		11	11	♯11		11	11
	13			13	13		♭13

▶ *check 1* **다음 도수를 보고 사용 가능한 텐션음을 모두 적어보세요.**

① IIm7 :

② IVM7 :

③ V7 :

unit 63 7화음이 만드는 분위기

노래의 기본적인 틀은 다이아토닉 코드로 만들어 집니다. 이때 다이아토닉 Triad와 7th를 적절하게 사용하면 다양한 분위기의 곡을 만들 수 있습니다.

노래가 3화음만으로 반복 될 때는 딱 떨어지는 느낌이동요 분위기 나기 때문에 실용음악에서는 적절하게 다이아토닉 7th 코드를 넣어주면 좋습니다.

1) 7화음이 만드는 분위기

작곡을 하고 있는 저자의 의견으로, 다이아토닉 Triad와 비교했을 때 다이아토닉 7화음으로 표현할 수 있는 분위기는 다음과 같습니다.

IM7	IIm7	IIIm7	IVM7	V7	VIm7	VIIm7(♭5)
환상적인 느낌	풍성한 느낌		환상적인 느낌	강하게 I로 가려는 성질 (4도 상행)	풍성한 느낌	

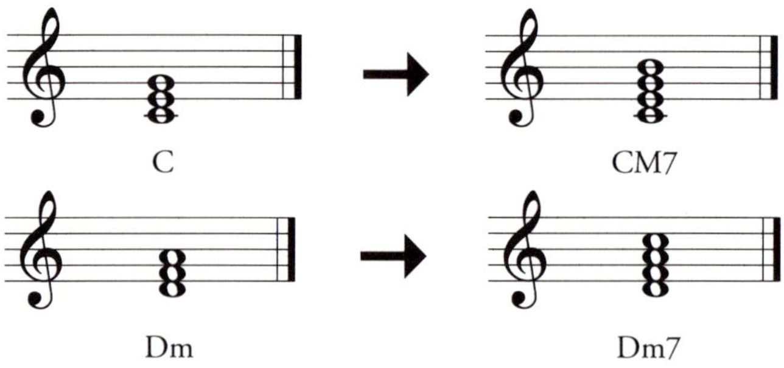

2) V7이 I로 가려는 성질이 강한 이유

V7은 4도 상행하여 I로 가려는 특징이 있습니다. 이런 현상 때문에 코드 진행에서 G7 -> C 같은 패턴을 자주 볼 수 있는 것입니다.

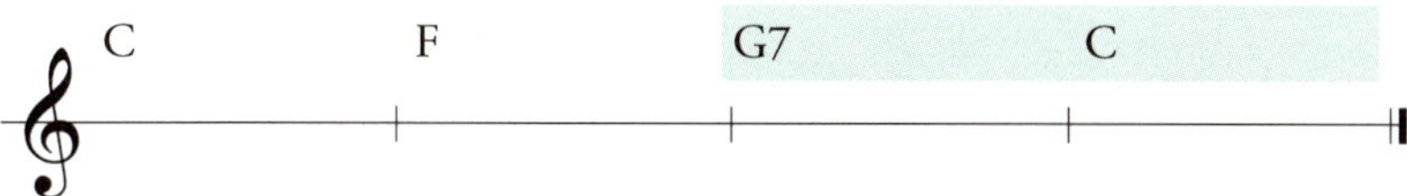

모든 음은 다른 음으로 진행하려는 성질을 가지고 있는데 온음 보다는 가까운 반음으로 진행하려고 합니다. V7이 I으로 가려는 특징이 나타나는 이유가 여기에 있습니다.

V7의 3음과 7음은 I의 근음, 3음과 반음 차이가 납니다. 그래서 V7의 3음과 7음은 각각 I의 근음과 3음으로 진행하려고 합니다. 이것이 V7이 I으로 가려는 강한 성질을 갖게 되는 이유입니다.

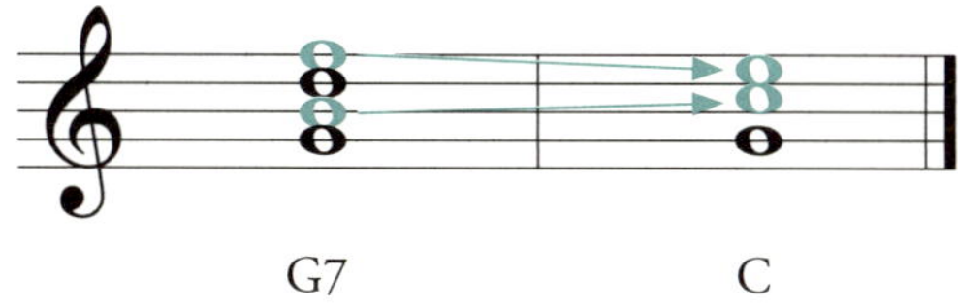

V7은 도미넌트7이라고 부르며 특별히 곡의 마무리에서 V7 -> I 패턴이 많이 나타납니다. 이런 곡의 마침을 '바른마침 정격종지'이라고 부릅니다.

연습문제 11-2

1. G key에서 사용 하지 않는 텐션코드는?

① Am13 ② D9 ③ GM9 ④ CM7(♯11)

2. B♭ key에서 사용 하지 않는 텐션코드는?

① F9(13) ② B♭9 ③ Cm9 ④ Gm9

3. A Diatonic 7th 위로 사용 가능한 텐션음을 그려보세요.

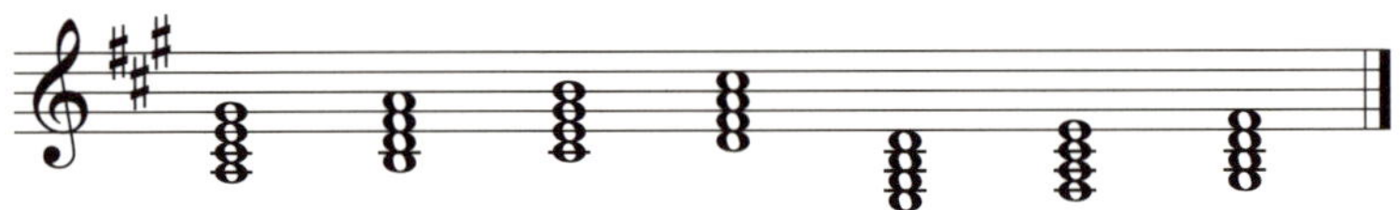

4. 다이아토닉 7화음에서 사용 가능한 텐션음을 적어보세요.

7화음 도수	IM7	IIm7	IIIm7	IVM7	V7	VIm7	VIIm7(♭5)
텐션음							

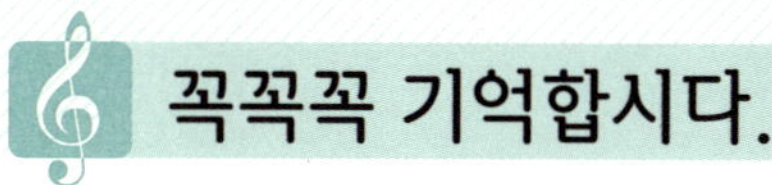

1. Major Diatonic 7th chords에서 사용 가능한 텐션음은 다음과 같습니다.

7화음 도수	IM7	IIm7	IIIm7	IVM7	V7	VIm7	VIIm7(♭5)
사용 가능한 텐션음	9	9		9	9	9	
		11	11	♯11		11	11
	13			13	13		♭13

2. 7화음을 사용하면 3화음만으로 부족한 표현을 더 풍성하게 만들 수 있습니다.

3. V7도미넌트7은 I로 가려는 강한 성질을 가지고 있으며 노래가 V7 -> I로 마칠 때 이것을 '바른마침정격종지'이라고 부릅니다.

복습문제 11

1. 예시를 보고 괄호에 알맞은 도수와 조이름을 적어보세요.

ex) Dm는

C key의 IIm입니다.

B♭ key의 IIIm입니다.

1) Am는

G key의 ( ) 입니다.

( ) key 의 VIm입니다.

2) G는

C key의 ( ) 입니다.

( ) key에서 I입니다.

2. 다음 괄호에 알맞은 7음이나 7화음을 적어보세요.

1) Dm + ( ) = Dm7

2) A♭m + M7 = ( )

3) ( ) + 7 = F♯m7(♭5)

3. 주어진 코드에 사용 가능한 텐션음을 적어보세요.

1) Cm7 ( )

2) CM7 ( )

3) Cm7(♭5) ( )

4. 조표를 사용하여 다음 스케일을 그려보세요.

1) g natural minor scale

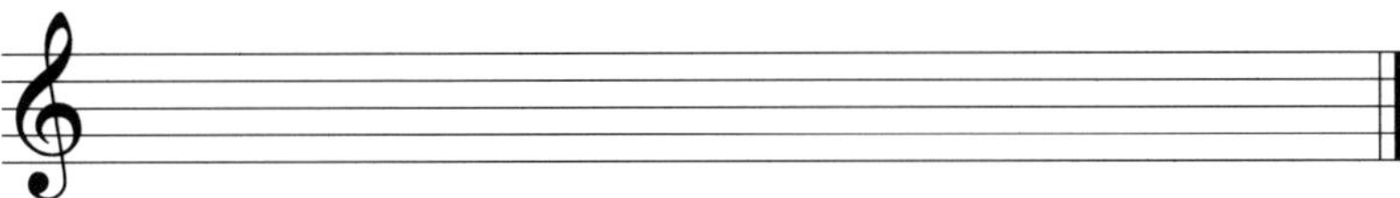

2) e♭ harmonic minor scale

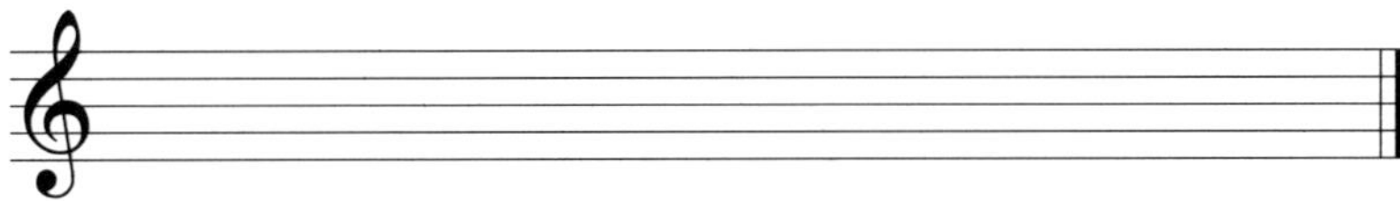

3) c♯ melodic minor scale

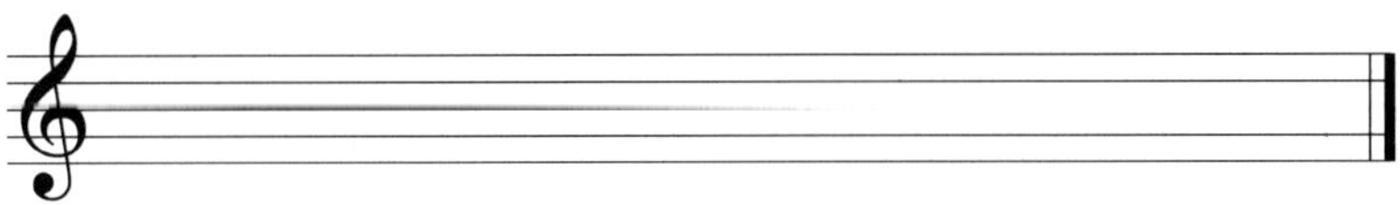

종합문제 11

1. 질문에 해당하는 7th 코드를 고르세요.

1) G key 의 2도 화음은?

① A7 ② AmM7 ③ Am7 ④ Am7(♭5)

2) E key 의 4도 화음은?

① AM7 ② A7 ③ Am7 ④ AmM7

3) b key natural scale 의 6도 화음은?

① G7 ② GmM7 ③ Gm7 ④ GM7

4) a key harmonic scale 의 2도 화음은?

① Bm7(♭5) ② BM7 ③ BmM7 ④ Bm7

5) c♯ key melodic scale 상행 의 3도 화음은?

① EM7 ② EaugM7 ③ Eaug7 ④ EmM7

2. 질문에 해당하는 텐션코드를 고르세요.

1) A key의 4도 화음에 사용 가능한 텐션코드는?

① DM9 ② DM7(11) ③ D9 ④ D9(♯11)

2) B key의 2도 화음에 사용 가능한 텐션코드는?

① C♯m7(11) ② C♯M7(11) ③ C♯7(11) ④ C♯m7(13)

3) A♭ key의 5도 화음에 사용 가능한 텐션코드는?

① E♭9 ② E♭M9 ③ E♭11 ④ E♭m9

4) F key의 7도 화음에 사용 가능한 텐션코드는?

① E7(♭5,11) ② Em7(♭5,11) ③ Em7(11) ④ EmM7(♭5,11)

3. 조표를 이용해 주어진 다이아토닉 7th 코드를 그리고 이름을 적어보세요.

1) G♭

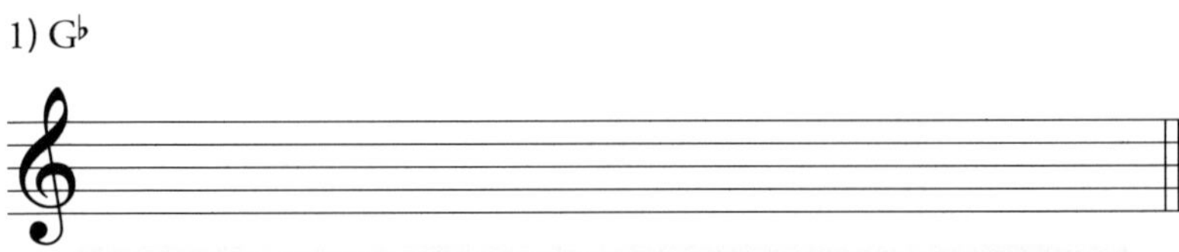

2) f♯ natural

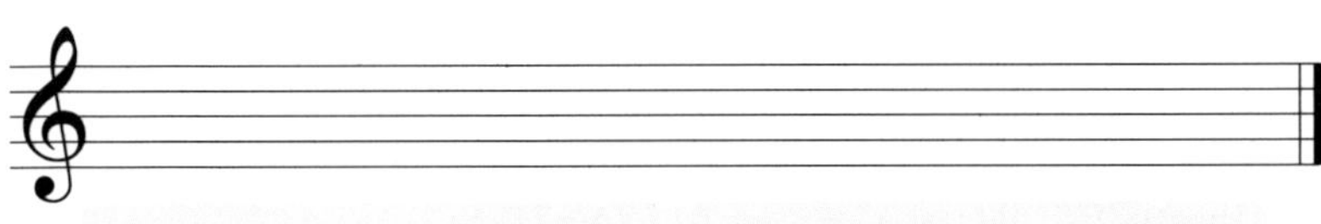

3) a♭ harmonic

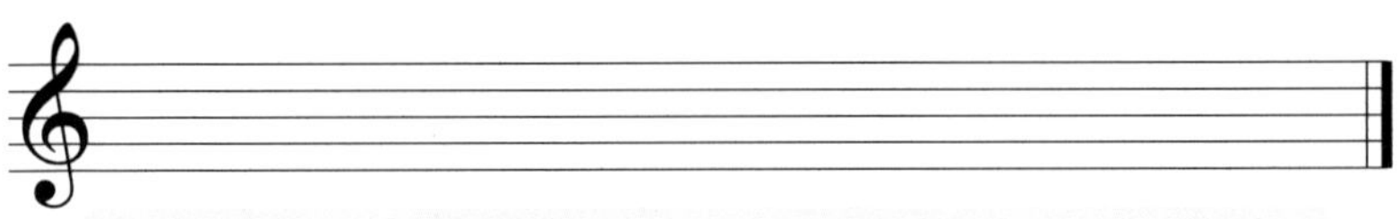

4) c melodic 상행

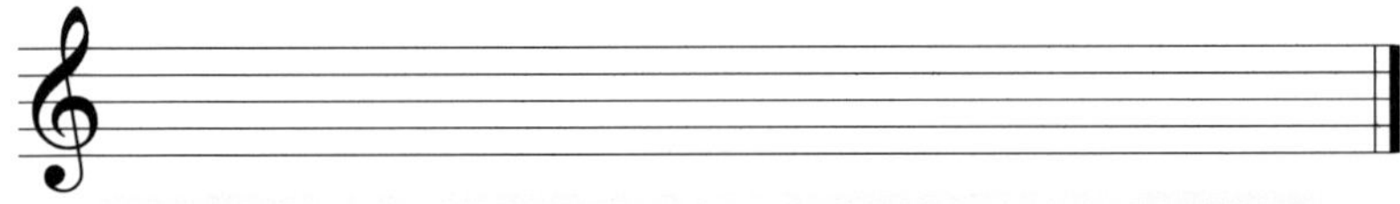

4. 도수를 이용해 주어진 다이아토닉 7th 코드를 구해보세요.

1) A

2) c natural

12

코드 진행법 1
다이아토닉 코드

／

30-33강

unit 64

코드 진행

1) 코드 진행이란?

우리가 1권에서 배운 코드(3화음, 7화음, 텐션코드, 분수 코드 등)를 연결하면 노래를 만들 수 있습니다. 문제는 잘 연결해야 한다는 것입니다. 각각의 코드는 고유의 성질을 가지고 있어서 아무렇게나 연결하면 좋지 않게 들립니다. '솔#'과 '라♭'은 같은 소리지만 뒤로 연결할 수 있는 좋은 음은 다릅니다.

코드 진행은 코드들의 연결이 좋은 소리로 들리게 하는 규칙을 배우는 것입니다. 영어로는 코드 프로그레션 chord progression 이라고 합니다.

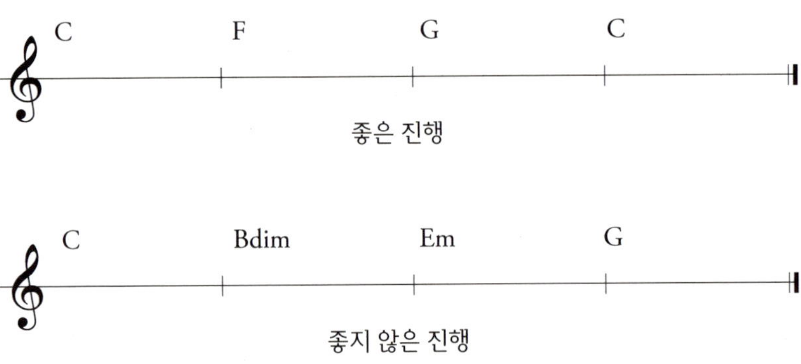

※ 팟캐스트 강의로 소리를 꼭 들어보세요

코드 진행을 배우면 곡에 대한 나만의 기본 틀이 생기게 됩니다.
특별히 작곡을 하려는 독자 분들은 코드 진행을 잘 이해해야 합니다.
코드 진행을 알면 애드립이나 멜로디 연주에도 많은 도움이 됩니다.

2) 코드 진행의 도수 표기

코드 진행에 관한 설명은 C-Dm-F처럼 직접 코드 이름을 쓰지 않고 I-IIm-IV과 같이 도수로 표기합니다. 그래서 코드 진행을 배우려면 로마자로 쓰는 도수를 꼭 기억해야 합니다. 이렇게 도수로 코드를 표기하는 이유는 조key와 상관 없이 진행을 표현하기 위해서 입니다.

C	Dm	Em	F	G	Am	Bdim
I	IIm	IIIm	IV	V	VIm	VII°

C 다이아토닉 코드의 도수 표기

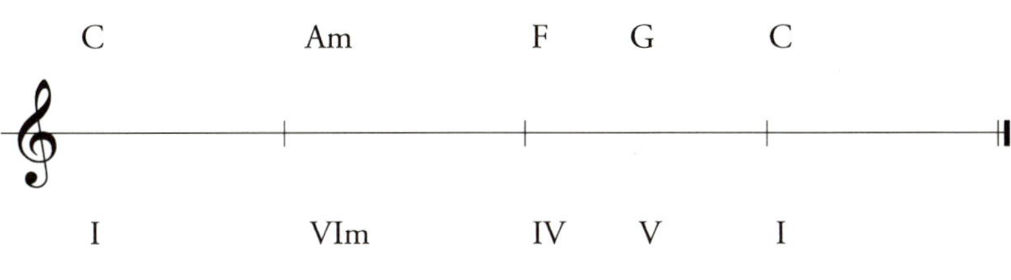

C key 코드 진행의 도수 표기

복습 다이아토닉 코드의 법칙과 도수 : unit28

· 학생들이 자주 혼동하는 로마숫자는 4-Ⅳ와 6-Ⅵ입니다.
로마자는 기본적으로 왼쪽으로 기호가 붙으면 빼고 오른쪽으로 기호가 붙으면 더합니다. V가 5이므로 V왼쪽으로 Ⅰ이 붙은 Ⅳ는 4, 오른쪽으로 Ⅰ이 붙은 Ⅵ는 6이 됩니다.

unit 65

코드 진행의 표현 방법

코드 진행은 다이아토닉 코드로 시작해서 넌 다이아토닉 코드를 넣어 주는 순서로 배웁니다. 말 그대로 다이아토닉 코드 진행은 다이아토닉 코드만을 사용해서 코드를 연결하는 것입니다. 한 조에서 다이아토닉 코드는 7개가 존재합니다. 그래서 시작하는 1개의 코드 뒤로 6개의 코드를 연결 해 볼 수 있습니다.

1) 코드의 상행과 하행

코드가 I에서 IIm로 가면 2도 상행이라고 표현합니다. 그런데 I에서 V로 갈 때는 5도 상행이라고 하지 않고 4도 하행이라는 말을 씁니다. 이렇게 표현 하는 이유는 코드가 순환하기 때문입니다.

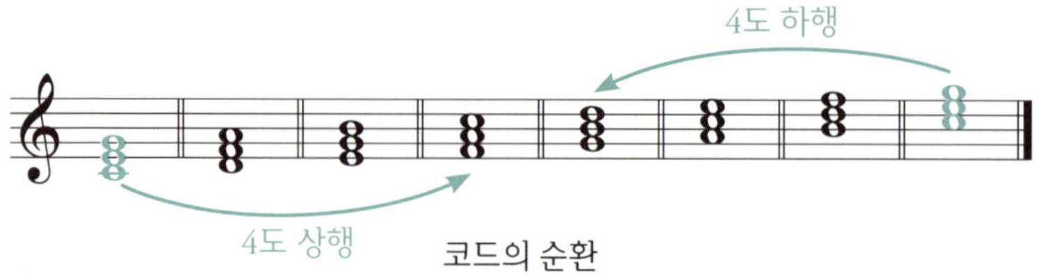

코드의 순환

즉, 코드 진행은 더 가까운 방향으로 상행, 하행이라는 표현을 합니다. 그래서 코드 진행 방향은 2도, 3도, 4도의 상행, 하행으로 설명합니다.

V	VIm	VII°	I	IIm	IIIm	IV
하행 진행 ⟵				⟶ 상행 진행		

2) ○ 진행, △ 진행, × 진행

코드 진행은 ○ 진행, △ 진행, × 진행으로 구분할 수 있습니다.

종류	내용
○	대부분의 사람이 좋다고 생각하는 진행
△	성향에 따라 좋고 싫음이 나뉘는 진행
×	대부분의 사람이 안 좋다고 생각하는 진행

주의할 점은 코드 진행의 ○, △, ×는 절대적 기준이 아니라는 것입니다. 사람들의 음악적 성향이나 문화에 따라 얼마든지 달라집니다. 또한 처음에는 듣기 어색했던 코드 진행도 자주 들어서 익숙해지면 좋은 진행으로 들릴 수 있습니다.

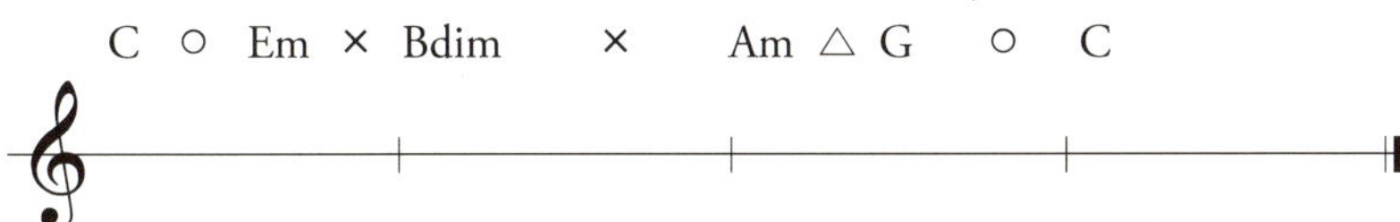

○ 진행, △ 진행, × 진행

※ 팟캐스트 강의로 소리를 꼭 들어보세요

* diminished 코드인 VII° 은 다이아토닉 코드 진행에서 많이 사용하지 않습니다. 그래서 VII° 에서 출발하거나 VII° 로 도착하는 다이아토닉 코드 진행은 좋지 않은 ×진행이 됩니다.

unit 66 다이아토닉 코드의 상행 진행

1) 2도 상행 - ○

2도 상행 진행은 기본적으로 ○ 진행입니다.

I $\overset{\bigcirc}{\Rightarrow}$ IIm $\overset{\bigcirc}{\Rightarrow}$ IIIm $\overset{\bigcirc}{\Rightarrow}$ IV $\overset{\bigcirc}{\Rightarrow}$ V $\overset{\bigcirc}{\Rightarrow}$ VIm $\overset{\times}{\Rightarrow}$ VII° $\overset{\times}{\Rightarrow}$ I

C $\overset{\bigcirc}{\Rightarrow}$ Dm $\overset{\bigcirc}{\Rightarrow}$ Em $\overset{\bigcirc}{\Rightarrow}$ F $\overset{\bigcirc}{\Rightarrow}$ G $\overset{\bigcirc}{\Rightarrow}$ Am $\overset{\times}{\Rightarrow}$ B° $\overset{\times}{\Rightarrow}$ C

2) 3도 상행 - △

3도 상행 진행은 기본적으로 △ 진행입니다. 단, 예외적으로 I -> IIIm 는 ○ 진행입니다.

I $\overset{\bigcirc}{\Rightarrow}$ IIIm $\overset{\triangle}{\Rightarrow}$ V $\overset{\times}{\Rightarrow}$ VII° $\overset{\times}{\Rightarrow}$ IIm $\overset{\triangle}{\Rightarrow}$ IV $\overset{\triangle}{\Rightarrow}$ VIm $\overset{\triangle}{\Rightarrow}$ I

C $\overset{\bigcirc}{\Rightarrow}$ Em $\overset{\triangle}{\Rightarrow}$ G $\overset{\times}{\Rightarrow}$ B° $\overset{\times}{\Rightarrow}$ Dm $\overset{\triangle}{\Rightarrow}$ F $\overset{\triangle}{\Rightarrow}$ Am $\overset{\triangle}{\Rightarrow}$ C

3) 4도 상행 - ○

4도 상행 진행은 기본적으로 ○ 진행입니다.

I	$\overset{○}{\Rightarrow}$	IV	$\overset{\times}{\Rightarrow}$	VII°	$\overset{\times}{\Rightarrow}$	IIIm	$\overset{○}{\Rightarrow}$	VIm	$\overset{○}{\Rightarrow}$	IIm	$\overset{○}{\Rightarrow}$	V	$\overset{○}{\Rightarrow}$	I
C	$\overset{○}{\Rightarrow}$	F	$\overset{\times}{\Rightarrow}$	B°	$\overset{\times}{\Rightarrow}$	Em	$\overset{○}{\Rightarrow}$	Am	$\overset{○}{\Rightarrow}$	Dm	$\overset{○}{\Rightarrow}$	G	$\overset{○}{\Rightarrow}$	C

* 이전 unit에서 말한 것처럼 VII° 에서 출발하거나 VII° 로 도착하는 다이아토닉 상행 진행은 좋지 않은 X진행이 됩니다.

check

1) 다음 중 ○ 진행이 아닌 것을 고르세요.

① V ⇒ I ② IV ⇒ V ③ I ⇒ IIIm ④ IV ⇒ VIm

2) 다음 예시처럼 코드 진행 방향과 진행의 어울림 ○, △, ×를 적어보세요.

I 3도 상행 ○ IIIm ① V ② VIm ③
IIm ④ V ⑤ I

unit 67 다이아토닉 코드의 하행 진행

1) 2도 하행 - △

2도 하행 진행은 기본적으로 △ 진행입니다. 단, 예외적으로 IV -〉 IIIm는 ○ 진행입니다.

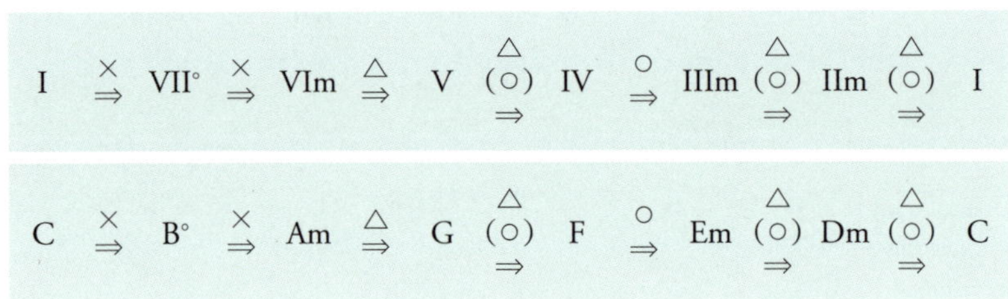

I	× ⇒	VII°	× ⇒	VIm	△ ⇒	V	△ (○) ⇒	IV	○ ⇒	IIIm	△ (○) ⇒	IIm	△ (○) ⇒	I
C	× ⇒	B°	× ⇒	Am	△ ⇒	G	△ (○) ⇒	F	○ ⇒	Em	△ (○) ⇒	Dm	△ (○) ⇒	C

특이하게 2도 하행 진행은 조건에 따라서 △ 진행인 것들이 ○ 진행으로 변하기도 합니다.

① IIIm -〉 IIm와 IIm -〉 I은 △ 진행 이지만, IV -〉 IIIm -〉 IIm -〉 I로 4개의 2도 하행 코드가 연속적으로 나오면 IIIm -〉 IIm -〉 I 모두 ○ 진행이 됩니다.

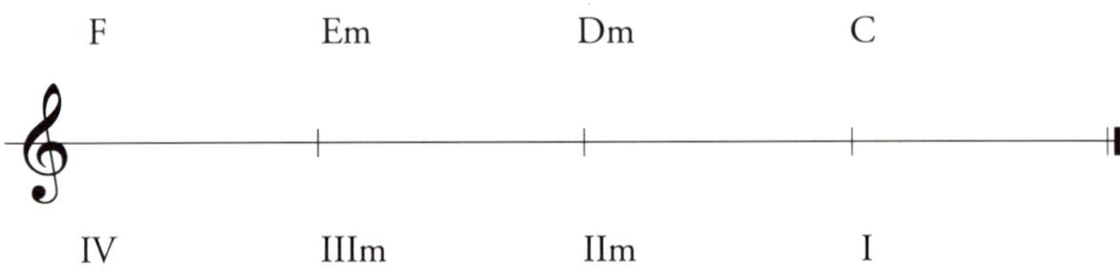

② △ 진행이었던 V -〉 IV 진행은 노래의 한 파트가 V로 끝나고, 다음 파트가 IV로 시작 할 때는 ○ 진행이 됩니다.

A파트

C F Dm G

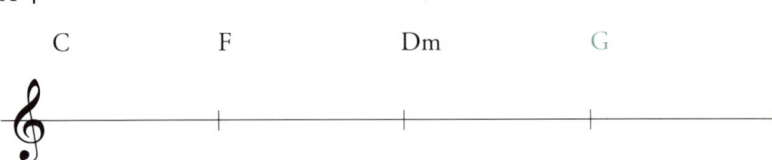

B파트

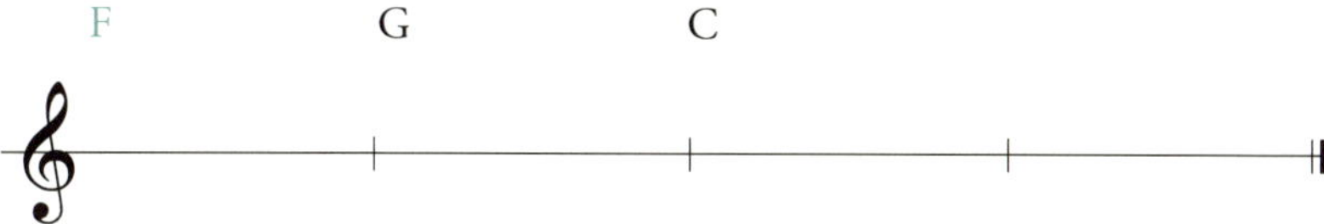

2) 3도 하행 - ○

3도 하행 진행은 기본적으로 ○ 진행입니다. 단, 예외적으로 IIIm -> I는 △ 진행입니다.

I	○ ⇒	VIm	○ ⇒	IV	○ ⇒	IIm	× ⇒	VII°	× ⇒	V	○ ⇒	IIIm	△ ⇒	I
C	○ ⇒	Am	○ ⇒	F	○ ⇒	Dm	× ⇒	B°	× ⇒	G	○ ⇒	Em	△ ⇒	C

3) 4도 하행 - △

4도 하행 진행은 기본적으로 △ 진행입니다. 단, 예외적으로 I -> V과 IV -> I는 ○ 진행입니다.

I	○ ⇒	V	△ ⇒	IIm	△ ⇒	VIm	△ ⇒	IIIm	× ⇒	VII°	× ⇒	IV	○ ⇒	I
C	○ ⇒	G	△ ⇒	Dm	△ ⇒	Am	△ ⇒	Em	× ⇒	B°	× ⇒	F	○ ⇒	C

▶ *check*

1) 다음 중 ○ 진행이 아닌 것을 고르세요.

① V ⇒ IIIm ② IIIm ⇒ I ③ IV ⇒ IIIm ④ IV ⇒ I

2) 다음 빈칸에 코드 진행 방향과 진행의 어울림 ○, △, ×를 적어보세요.

I ① VIm ② V ③ IIIm ④

VII° ⑤ IV ⑥ IIm

연습문제 12-1

1. 다음 코드의 진행을 적어보세요.

① IIIm -〉 VIm : ______ 도 상행

② IV -〉 V : ______ 도 상행

③ V -〉 IIIm : ______ 도 하행

④ IV -〉 IIIm : ______ 도 하행

2. C key일 때, 다음 코드의 진행을 적어보세요.

① Am -〉 Dm : ______ 도 상행

② C -〉 F : ______ 도 상행

③ F -〉 Em : ______ 도 하행

④ G -〉 Em : ______ 도 하행

3. Major key를 기준으로, 주어진 진행으로 가는 도수를 적어보세요.

① V - 2도 상행 - ______

② I - 3도 상행 - ______

③ V - 3도 하행 - ______

④ IV - 4도 하행 - ______

4. G key일 때, 주어진 진행으로 가는 코드를 적어보세요.

① Am - 2도 상행 - ______

② G - 3도 상행 - ______

③ C - 3도 하행 - ______

④ G - 4도 하행 - ______

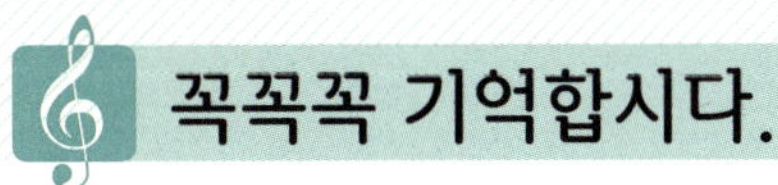

1. 코드를 연결하는 것을 코드 진행코드 프로그레션이라고 합니다.

2. 조key에 상관 없이 코드 진행을 표현하기 위해 도수를 사용 합니다.

3. 코드 진행 방향은 2도, 3도, 4도 상행 · 하행으로 표현합니다.

4. 코드 진행은 ○ 진행, △ 진행, × 진행으로 구분할 수 있습니다.

종류	내용
○	대부분의 사람이 좋다고 생각하는 진행
△	성향에 따라 좋고 싫음이 나뉘는 진행
×	대부분의 사람이 안 좋다고 생각하는 진행

5. 코드 진행 방향 별 어울리는 연결은 다음과 같습니다.

<table>
<tr><td rowspan="2">2도 상행</td><td rowspan="2">○</td><td>2도 하행</td><td>△</td></tr>
<tr><td colspan="2">* 예외 ○ : IV ⇒ IIIm
* 조건부 ○ : V ⇒ IV 파트 변경
IV ⇒ IIIm ⇒ IIm ⇒ I연결</td></tr>
<tr><td>3도 상행</td><td>△</td><td>3도 하행</td><td>○</td></tr>
<tr><td colspan="2">* 예외 ○ : I ⇒ IIIm</td><td colspan="2">* 예외 △ : IIIm ⇒ I</td></tr>
<tr><td rowspan="2">4도 상행</td><td rowspan="2">○</td><td>4도 하행</td><td>△</td></tr>
<tr><td colspan="2">* 예외 ○ : I ⇒ V, IV ⇒ I</td></tr>
</table>

* VII° 코드로 시작하거나 도착하는 다이아토닉 코드 진행은 모두 ×진행입니다.

unit 68 코드 진행 연습 ① 다이아토닉 3화음

다이아토닉 3화음triad를 가지고 가장 기본적인 코드 진행을 연습해 보겠습니다. 대부분의 노래는 I로 시작해서 V - I로 마치는 패턴을 가지고 있습니다. 이 패턴을 적용한 4마디 코드 진행을 연습하겠습니다.

* 가장 기본이 되는 ○ 진행으로 알아봅니다.

1) 한 마디에 코드가 한 개인 경우

① 시작하는 마디에 I을, 3, 4 마디에 V- I을 적습니다. 바른마침

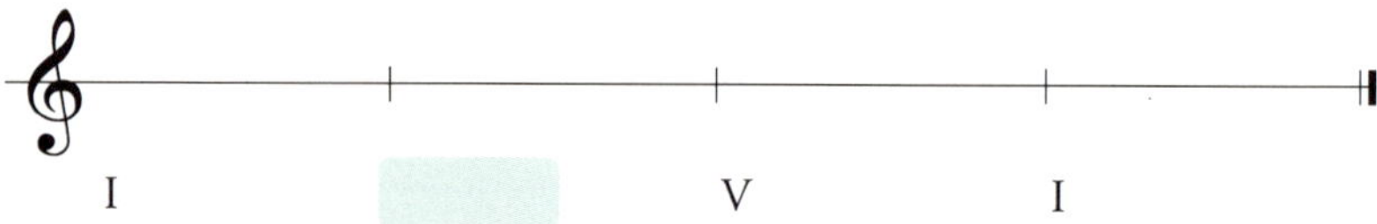

② I -〉 (빈칸) 에 어울리는 ○ 진행을 찾습니다.

상행 진행			하행 진행		
2도 ○	3도 ○	4도 ○	2도 X	3도 ○	4도 ○
I -〉 IIm	I -〉 IIIm	I -〉 IV	I -〉 VII°	I -〉 VIm	I -〉 V

* 3도 상행, 4도 하행은 기본적으로 △ 진행이지만 I -〉 IIIm, I -〉 V는 예외적으로 ○입니다.

③ 2번의 ○ 진행 중 뒤에 나오는 V와도 ○ 진행이 되는 것을 찾습니다.

IIm -〉 V	IIIm -〉 V	IV -〉 V	VIm -〉 V	V -〉 V
4도 상행 ○	3도 상행 △	2도 상행 ○	2도 하행 △	진행이 아님

④ 찾은 도수를 적어줍니다.

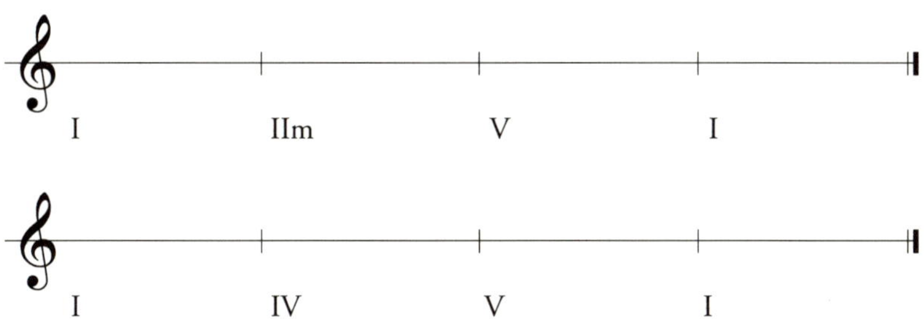

⑤ 도수를 코드 이름으로 바꿔줍니다. 예 : C key

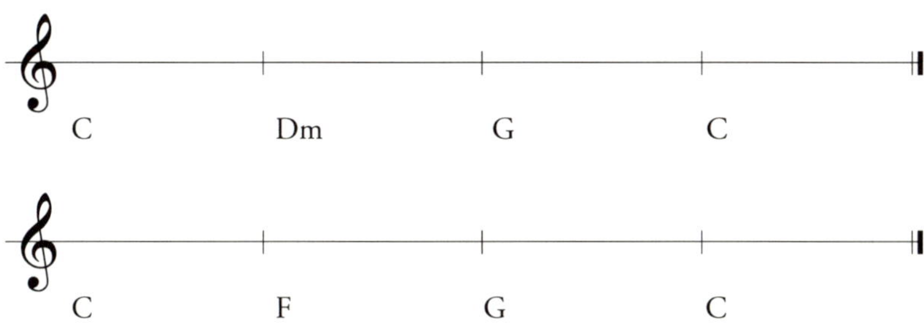

* 2마디에 멜로디가 있다면 Dm와 F중에서 더 어울리는 코드를 찾을 수 있습니다.

check 1 다음 괄호에 ○ 진행이 되는 코드와 도수를 적어보세요.

G key

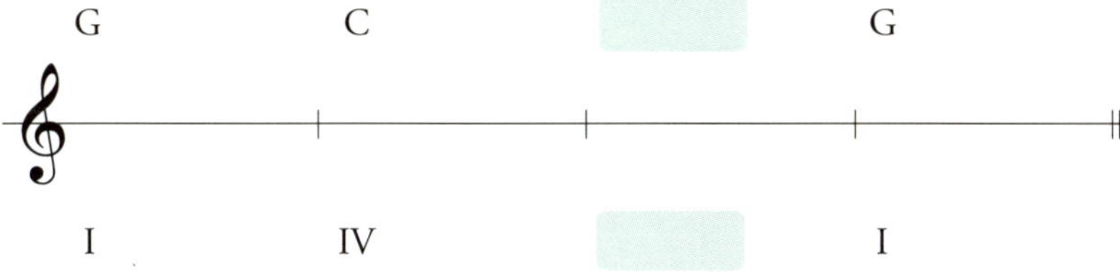

2) 한 마디에 코드가 두 개인 경우

이번에는 한 마디에 코드가 두 개인 경우를 연습합니다. 대부분 노래의 마지막 마디는 I도 하나로 마치기 때문에 한 마디에 코드가 2개인 경우를 연습할 때도 마지막 마디에는 I도 하나만 쓰도록 하겠습니다.

① I로 시작해서 V- I으로 마치는 패턴을 적어줍니다.

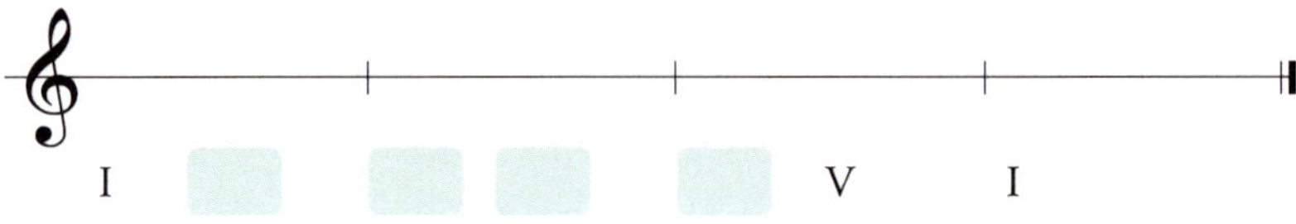

② I -> [　　] 에 어울리는 ○ 진행을 찾습니다.

상행 진행			하행 진행		
2도 ○	3도 ○	4도 ○	2도 X	3도 ○	4도 ○
I -> IIm	I -> IIIm	I -> IV	I -> VII°	I -> VIm	I -> V

③ ○ **진행 중 하나를 고릅니다.** 5가지 경우 모두 사용 가능 합니다.

* 2도 상행 IIm를 선택 한 경우

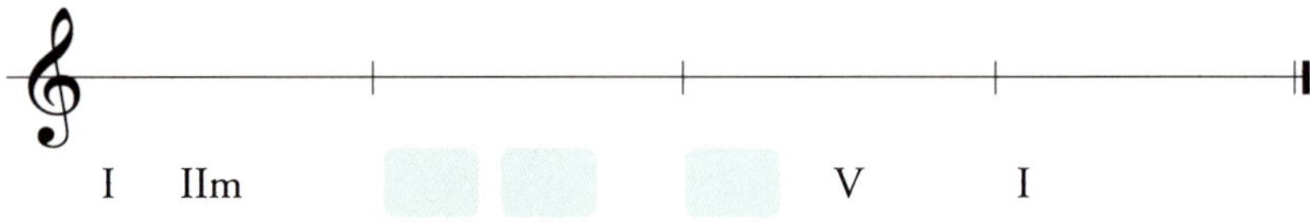

④ IIm -> [ ] 에 어울리는 ○ 진행을 찾습니다.

상행 진행			하행 진행		
2도 ○	3도 △	4도 ○	2도 △	3도 X	4도 △
IIm -> IIIm	IIm -> IV	IIm -> V	IIm -> I	II -> VII°	IIm -> VIm

⑤ ○ 진행 중 하나를 고릅니다. 2가지 경우 모두 사용 가능 합니다.

* 2도 상행 IIIm를 선택 한 경우

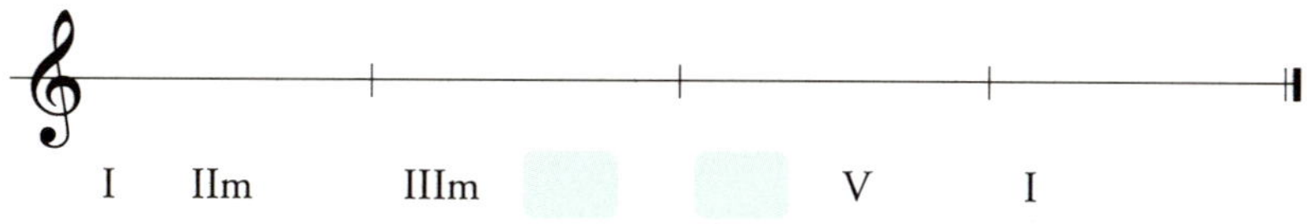

I IIm IIIm [ ] [ ] V I

⑥ 4, 5번을 반복 하여 어울리는 ○ 진행을 찾습니다.

* IIIm -> VIm 선택

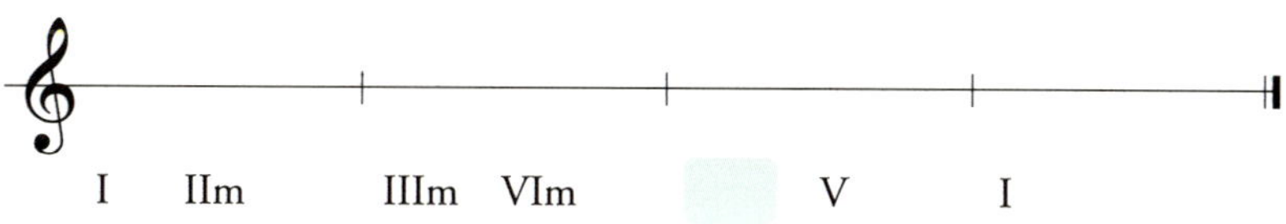

I IIm IIIm VIm [ ] V I

⑦ VIm 뒤로 올 수 있는 IIm(4도 상행), IV(3도 하행) 중 뒤의 V와 ○ 진행이 되는 것을 찾습니다.

IIm -> V	IV -> V
4도 상행 ○	2도 상행 ○

⑧ ○ 진행 중 하나를 고릅니다. 2가지 경우 모두 사용 가능 합니다.

* 3도 하행 IV를 선택 한 경우

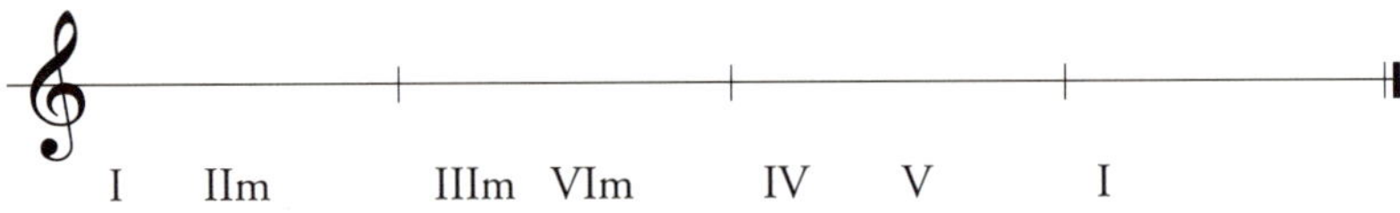

⑨ 도수를 코드 이름으로 바꿔줍니다. 예 : C key

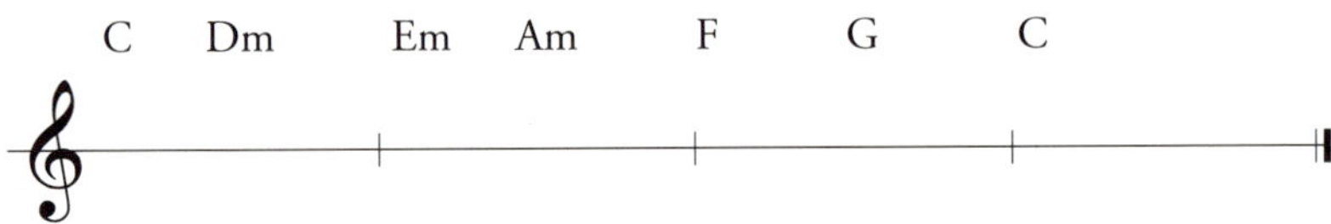

한 마디에 코드의 수가 정해져 있지 않은 경우도 위와 같은 방법으로 코드 진행을 완성할 수 있습니다. 한 마디에 몇 개의 코드가 있느냐에 따라서 곡의 속도감이 달라지게 됩니다.

코드 진행에 있어 절대적인 기준은 없습니다. 위에서 예시로 설명한 진행 외에도 다양한 경우의 수가 있으며, 개인별로 좋다고 느끼는 코드 진행은 얼마든지 다를 수 있습니다.

check 2 다음 빈칸에 ○ 진행이 되는 코드와 도수를 넣어보세요.

F key

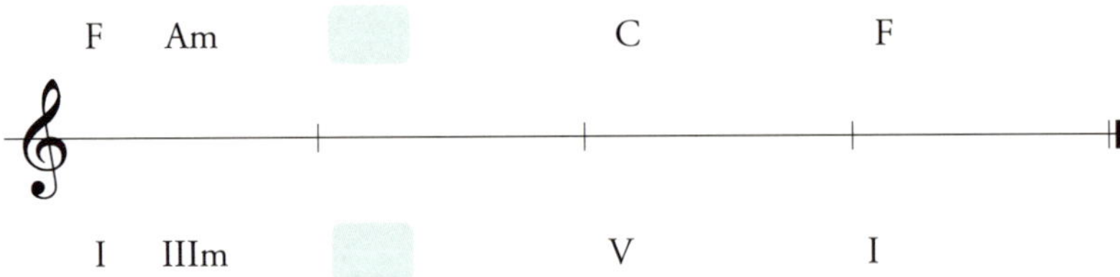

unit 69 코드 진행 연습 ② 멜로디에 어울리는 다이아토닉 3화음

1) 멜로디에 어울리는 코드

노래는 코드뿐만 아니라 멜로디를 가지고 있습니다. 그래서 ○ 진행이라도 멜로디를 고려하면 사용할 수 없는 코드가 생깁니다.
멜로디에 어울리는 코드를 찾는 가장 기본적인 방법은 멜로디의 음이 코드 구성음에도 있는가를 확인하는 것입니다.

멜로디가 없을 때는 다음과 같은 코드 진행이 가능합니다.

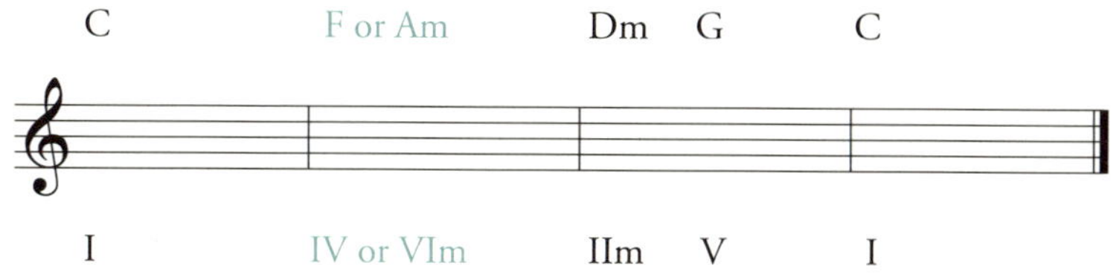

아직 멜로디가 없기 때문에 F와 Am 둘 다 2번째 마디에 올 수 있습니다. 그런데 만약 2번째 마디에 '파'라는 멜로디 음이 오게 되면 F는 사용할 수 있지만 코드 구성음에 '파'가 없는 Am는 사용할 수 없는 코드가 됩니다.

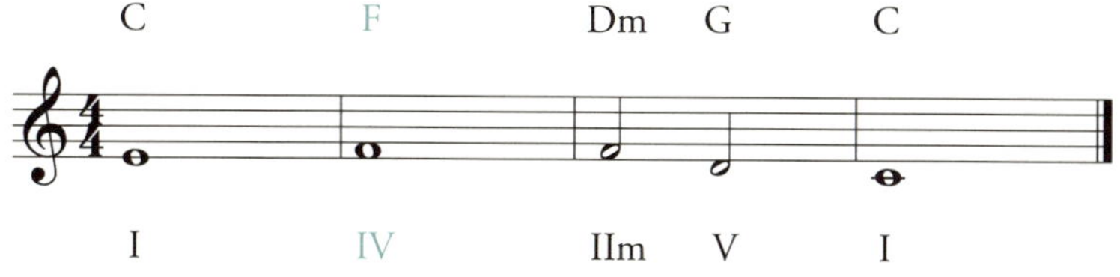

2) 멜로디에 어울리는 다이아토닉 3화음 진행 연습

문제 | 주어진 멜로디에 어울리는 코드 진행을 완성하세요.

① 조성을 확인 한 후 노래의 큰 틀을 잡는 I와 V- I을 적어줍니다.

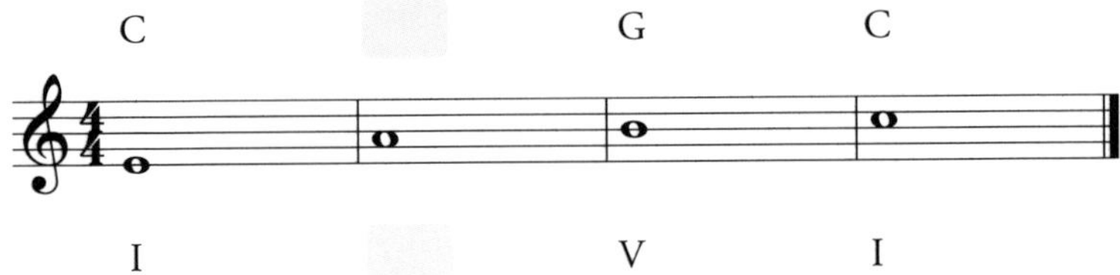

② 멜로디 음을 포함하고 있는 다이아토닉 코드를 찾습니다.

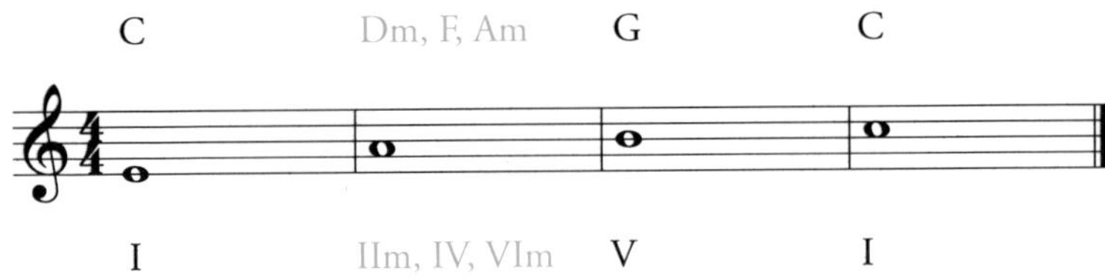

③ ○ 진행의 경우만 남겨줍니다.

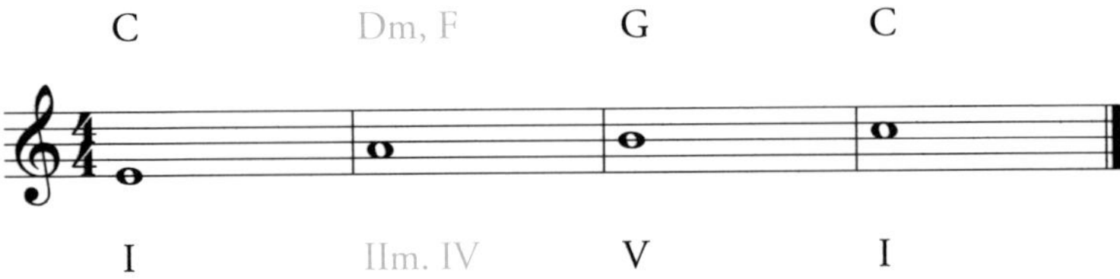

④ **멜로디에 코드의 어울림을 직접 들어보고 더 좋다고 생각되는 코드를 적어줍니다.** IV를 사용하면 모두 메이저 코드가 되기 때문에 분위기 변화를 위해 마이너 코드인 IIm를 선택하였습니다.

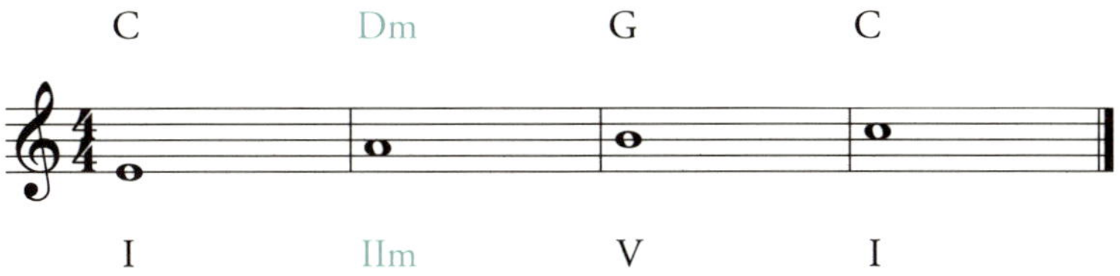

작곡을 할 때는 코드 진행을 먼저 만들고 멜로디를 넣는 경우와 멜로디를 먼저 만들고 코드 진행을 완성시키는 경우가 함께 사용됩니다. 두 가지 모두를 잘 연습해 두어야 합니다.

▶ *check* **멜로디에 어울리는 3화음을 넣어 진행을 완성하세요.** ○ 진행 기준

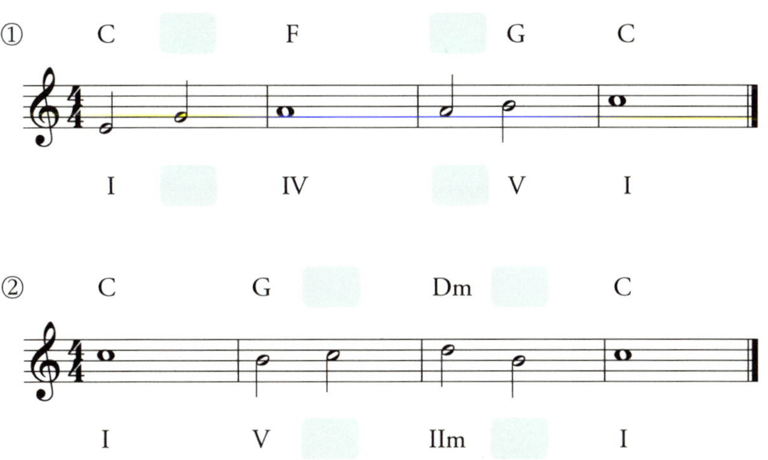

연습문제 12-2

1. 보기 중, ○ 연결이 되는 코드를 골라 진행을 완성하세요.

1) C key ① Em, F ② Em, Am ③ Am, Dm ④ Em, G

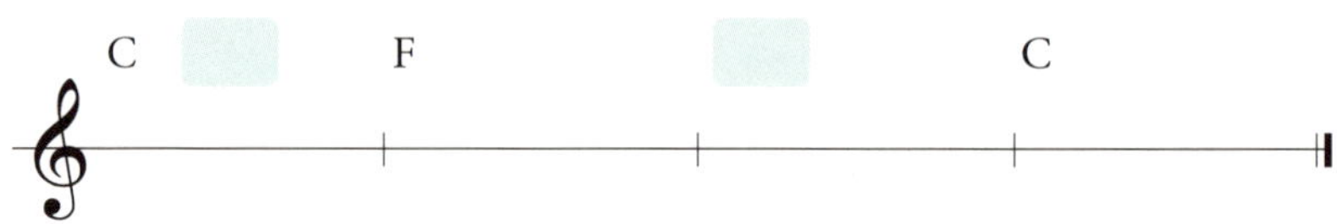

2) G key ① Em, F#dim ② Em, D ③ Am, D ④ G, Em

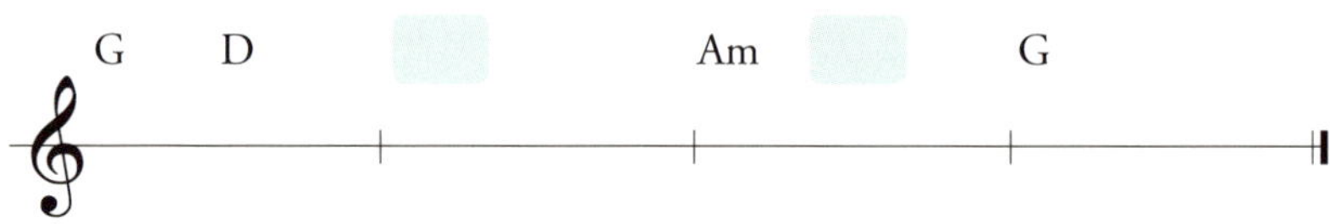

2. 보기 중, 주어진 멜로디에 어울리는 코드를 고르세요. ○ 진행 기준

1) C key ① F, Dm ② Dm, F ③ F, Am ④ F, C

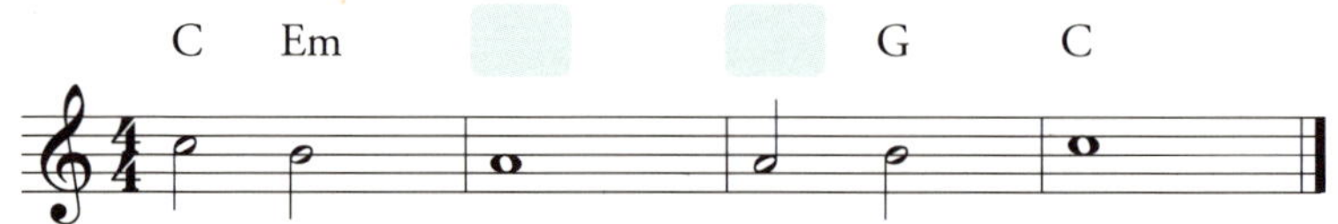

2) F key ① Dm, C ② F, C ③ F, Am ④ Dm, Am

꼭꼭꼭 기억합시다.

1. 가장 기본적인 코드 진행은 다이아토닉 3화음을 이용한 진행입니다.

2. 대부분의 노래는 I로 시작하여 V - I으로 마치는 패턴을 가지고 있습니다.

3. 코드 진행 시 좋은 진행은 2가지 이상 나올 수 있습니다. 이 경우는 직접 소리를 듣고 결정합니다.

4. 멜로디에 어울리는 코드를 선택 할 때는 멜로디 음이 코드 구성음에도 있는 지를 확인합니다.

unit 70

코드 진행 연습 ③ 7화음의 적용

기본적인 다이아토닉 3화음 진행을 더 세련되게 만들어 주기 위해 3화음 대신 7화음을 사용할 수 있습니다. 예를 들어 작곡자의 의도에 따라 I대신 IM7을 사용하면 보다 환상적인 느낌을 주는 진행이 됩니다.

IM7	IIm7	IIIm7	IVM7	V7	VIm7	VIIm7(♭5)
환상적인 느낌	풍성한 느낌		환상적인 느낌	강하게 I로 가려는 성질	풍성한 느낌	

* 7화음이 주는 느낌은 저자의 개인적인 의견입니다.

멜로디 음이 7화음의 구성음에 포함 된 경우에도 7화음을 사용하면 좋습니다.

1) 7화음을 포함한 코드 진행 예시 절대적인 순서나 규칙은 아닙니다.

① 멜로디를 보고 알맞은 코드 진행을 만듭니다.

2번째 마디는 3화음인 Em를 넣어도 되지만 '솔'을 포함하고 있는 7화음을 넣었습니다.

② 3화음을 대신할 수 있는 7화음을 넣어보면서 의도한 분위기를 찾습니다.

IM7, IVM7을 넣어서 I, IV에 환상적인 느낌을 더하고, V7을 넣어서 I과의 연결이 더 자연스럽게 하였습니다.

▶ check 보기 중, 주어진 멜로디에 어울리는 7화음을 고르세요. o 진행 기준

1)

① Em7, Am7 ② Em7, F7 ③ Em7, Dm7 ④ E7, FM7

2)

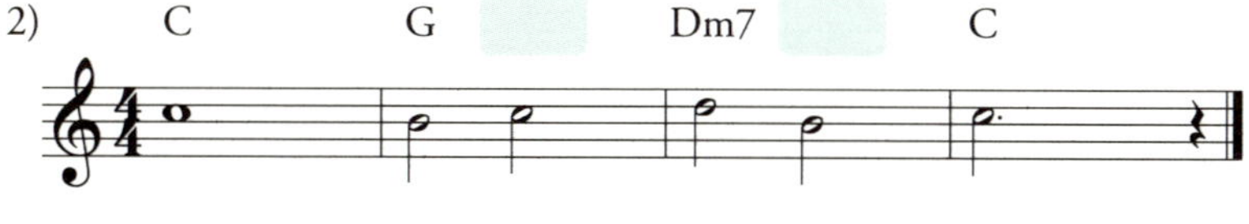

① A7, G7 ② Am7, GM7 ③ A7, Gm7 ④ Am7, G7

7화음이 주는 코드 진행의 느낌을 알아보기 위해 3화음으로 만들어진 애국가에 7화음을 추가해 보겠습니다. 팟캐스트 강의를 통해 소리를 비교해 보면서 7화음으로 달라지는 분위기를 확인해 보시기를 바랍니다.

① 3화음으로만 구성 된 애국가

② 7화음이 추가 된 애국가

앞으로 배우는 코드 진행은 모두 애국가를 통해서 분위기의 변화를 알아 보겠습니다.

* 애국가 악보는 리하모니를 표현하기 위해 못갖춘마디로 편곡하였습니다.

unit 71

코드 진행 연습
④ 텐션코드의 적용

텐션코드를 사용하면 긴장감 있고 극적인 표현을 할 수 있습니다. 또한 코드의 고유한 색깔을 흐릿하게 합니다. 이런 텐션코드의 특징을 잘 이해하고 적절히 사용하는 것이 좋습니다.

메이저 다이아토닉 7th 코드에 사용할 수 있는 텐션음은 다음과 같습니다.

IM7	IIm7	IIIm7	IVM7	V7	VIm7	VIIm7(♭5)
9, 13	9, 11	11	9, ♯11, 13	9, 13	9, 11	11, ♭13

멜로디 음이 텐션코드의 구성음에 포함 된 경우에도 텐션코드를 사용할 수 있습니다.

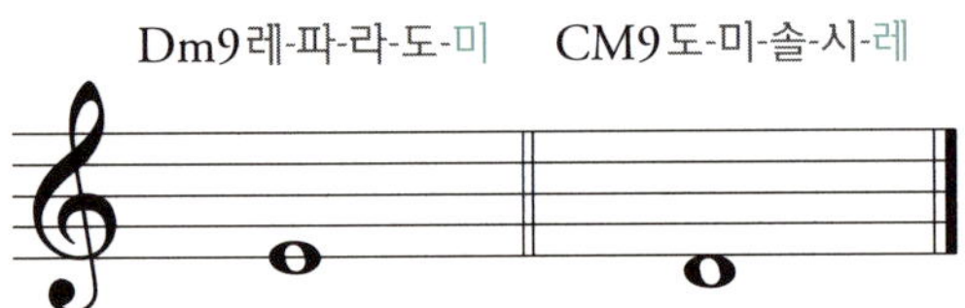

2) 텐션코드를 포함한 코드 진행 예시 절대적인 순서나 규칙은 아닙니다.

① 7화음이 추가 된 기본적인 코드 진행을 만듭니다.

② 도수 별로 사용 가능한 텐션코드를 넣어보면서 의도한 분위기를 찾습니다.

check 보기 중, 주어진 멜로디에 어울리는 텐션코드를 고르세요. ㅇ 진행 기준

1)

① Em7(11), Dm9 ② Em7(11), D9 ③ Em13, FM9 ④ Em9, F9

2)

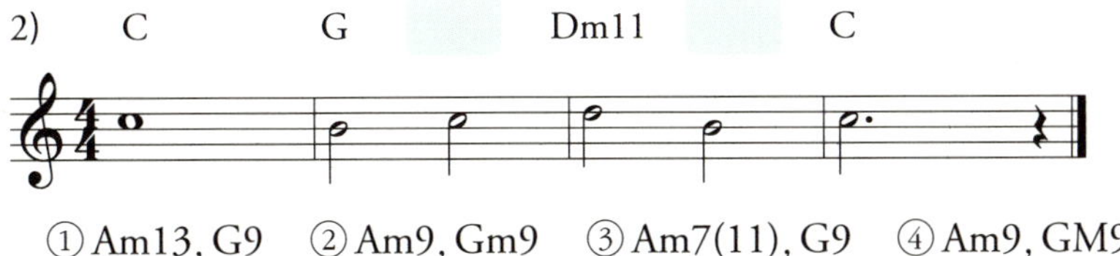

① Am13, G9 ② Am9, Gm9 ③ Am7(11), G9 ④ Am9, GM9

※ 텐션코드가 추가 된 애국가입니다, 팟캐스트 강의로 소리를 꼭 들어보세요.

* 애국가 악보는 리하모니를 표현하기 위해 못갖춘마디로 편곡하였습니다.

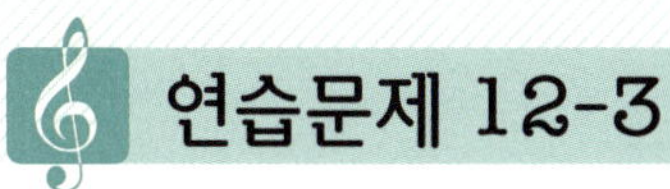

1. 보기 중, 주어진 멜로디에 어울리는 7화음을 고르세요. ㅇ 진행 기준

1)

① Dm7, F7 ② FM7, D7 ③ G7, FM7 ④ FM7, DmM7

2)

① FM7, G7 ② F7, Gm7 ③ FM7, Gm7 ④ F7, G7

2. 보기 중, 주어진 멜로디에 어울리는 텐션코드를 고르세요. ㅇ 진행 기준

1)

① CM9, Dm13 ② C9, Dm11 ③ C9, Dm7(11) ④ CM9, Dm11

2)

① Em9, D9 ② Em11, Dm9 ③ Em9, DM9 ④ E9, D9

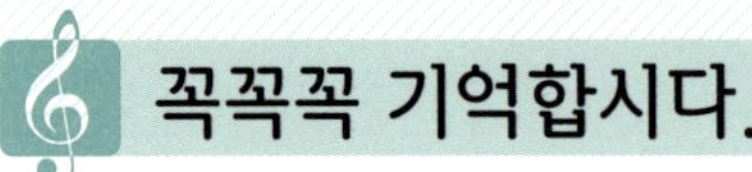

1. 기본적인 다이아토닉 3화음 진행을 세련되게 만들어 주기 위해 7화음과 텐션코드를 사용합니다.

2. 7화음으로 표현할 수 있는 분위기는 다음과 같습니다.

저자의 개인적인 의견입니다.

IM7	IIm7	IIIm7	IVM7	V7	VIm7	VIIm7(♭5)
환상적인 느낌	풍성한 느낌		환상적인 느낌	강하게 I로 가려는 성질	풍성한 느낌	

3. 메이저 다이아토닉 7th 코드에서 사용할 수 있는 텐션음은 다음과 같습니다.

IM7	IIm7	IIIm7	IVM7	V7	VIm7	VIIm7(♭5)
9, 13	9, 11	11	9, ♯11, 13	9, 13	9, 11	11, ♭13

4. 7화음이나 텐션코드를 사용할 때에도 멜로디와의 어울림을 확인해야 합니다.

복습문제 12

1. 조표를 이용해 주어진 조의 메이저 다이아토닉 코드를 그리고 이름을 적어보세요.

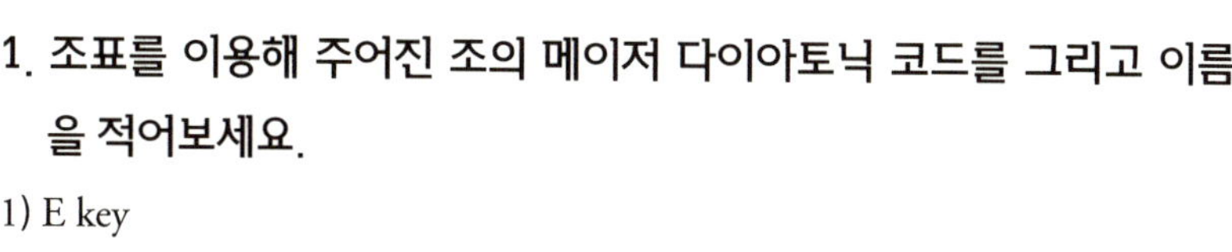

1) E key

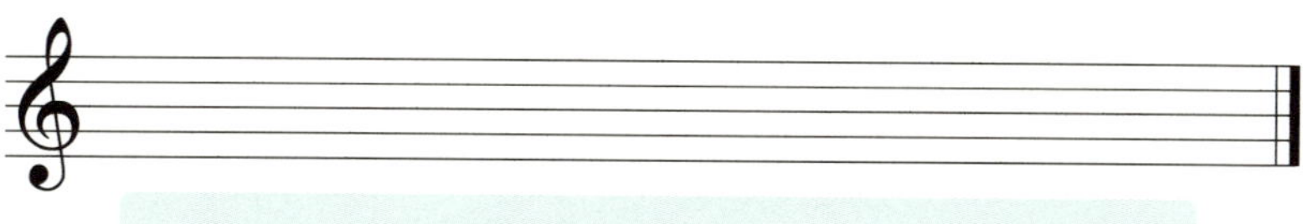

2) A♭ key

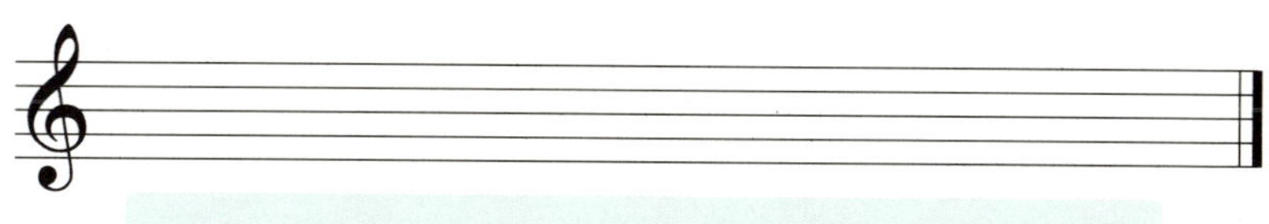

2. 도수를 이용하여 주어진 조의 메이저 다이아토닉 3화음을 구해보세요.

1) D key

2) F key

종합문제 12

1. 보기 중, 빈칸에 들어갈 알맞은 3화음을 골라 진행을 완성하세요.

ㅇ 진행 기준

1) C key

① Em, Dm ② Am, D ③ Am, E ④ Em, Am

2) A key

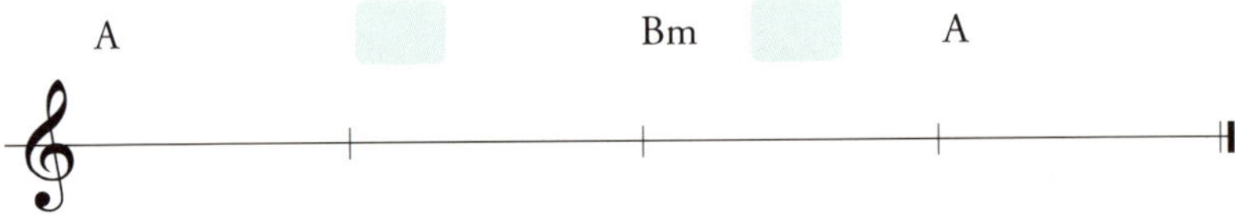

① F#m, Bm ② E, F#m ③ D, E ④ F#, E

3) E key

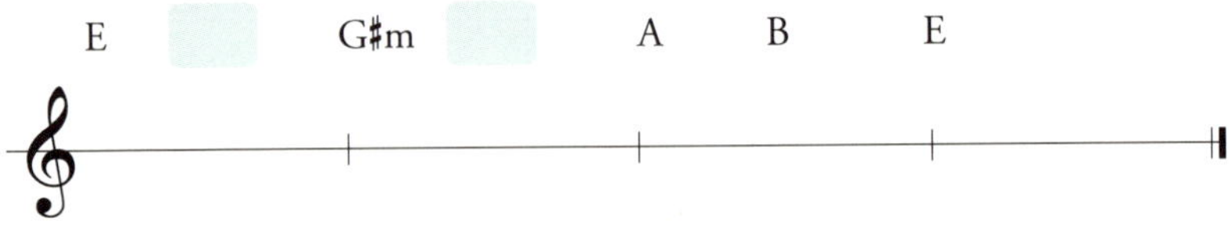

① F#m, Cm ② F#m, C#m ③ C#m, F#m ④ A, F#m

2. 보기 중, 빈칸에 들어갈 알맞은 다이아토닉 7화음을 골라 코드 진행을 완성하세요. o 진행 기준

1) C key

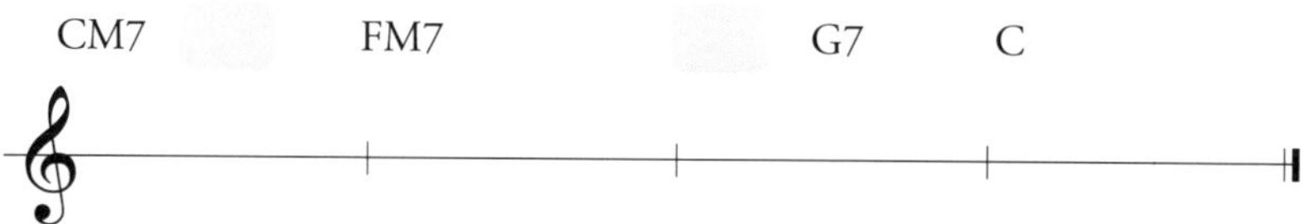

① E7, Dm7 ② Am7, D7 ③ Am7, EmM7 ④ Em7, Dm7

2) B♭ key

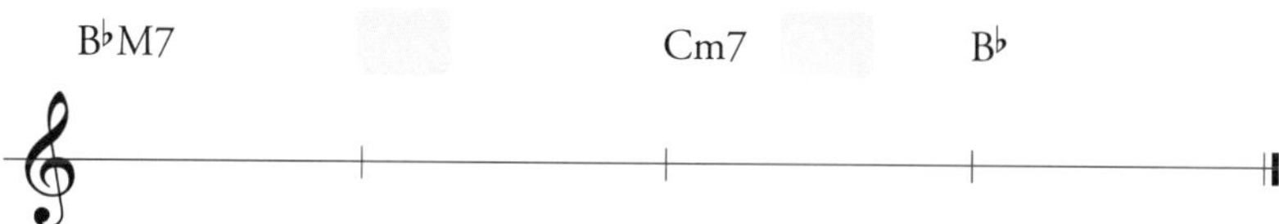

① E♭M7, F7 ② E♭7, F7 ③ Cm7, FM7 ④ E♭M7, Fm7

3) D♭ key

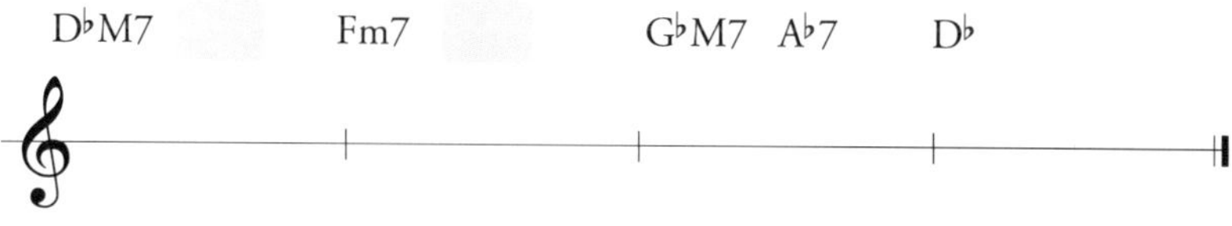

① E♭7, B♭m7 ② E♭m7, B♭mM7 ③ E♭m7, B♭7 ④ E♭m7, B♭m7

3. 보기 중, 빈칸에 들어갈 알맞은 텐션코드를 골라 진행을 완성하세요.

ㅇ 진행 기준

1) C key

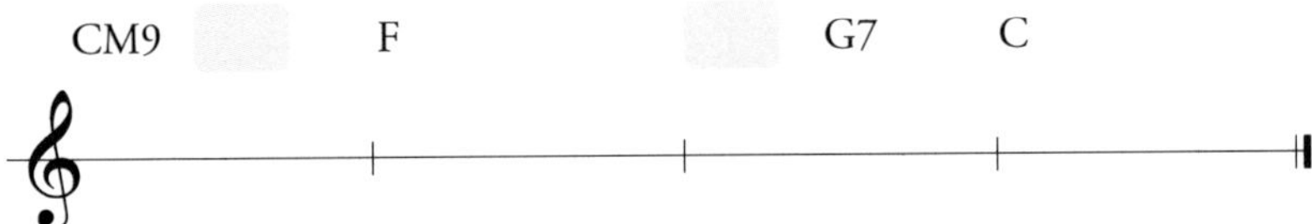

① Em9, Dm9 ② Em7(11), Dm9 ③ Em11, Dm9 ④ Em13, Dm9

2) E♭ key

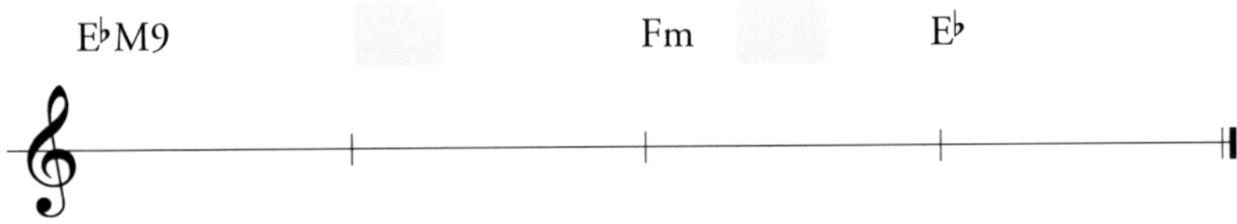

① A♭M7(13), B♭9 ② A♭M7(11), B♭9 ③ A♭M7(13), B♭11

④ A♭M9, B♭9(♯11)

3) B key

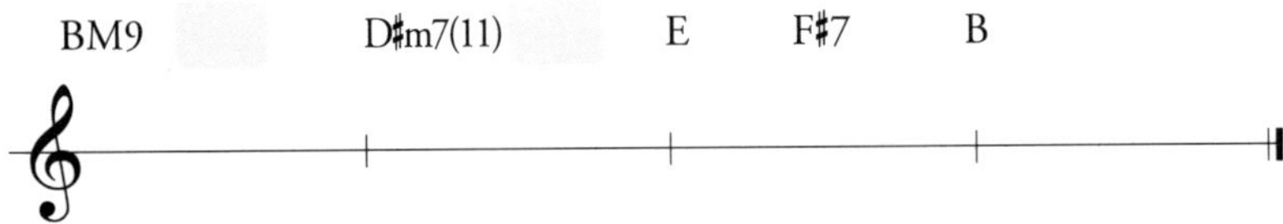

① C♯m11, G♯m9 ② C♯11, G♯m11 ③ C♯m13, G♯m9

④ C♯m9(♯11), G♯m9

4. 보기 중, 주어진 멜로디에 어울리는 코드를 골라 진행을 완성하세요.

ㅇ 진행 기준

1) C key

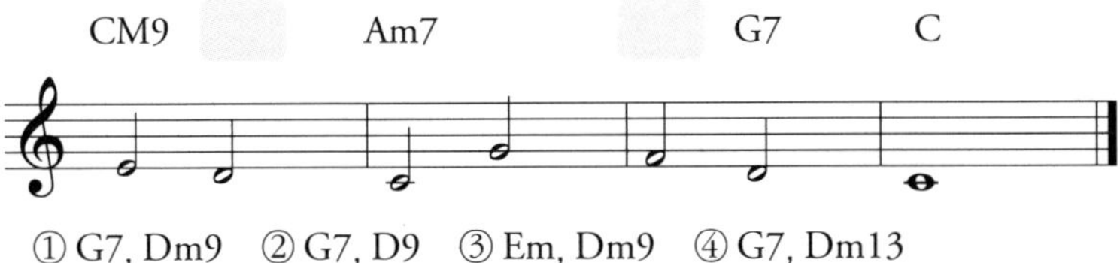

① G7, Dm9　② G7, D9　③ Em, Dm9　④ G7, Dm13

2) F key

① Am7, C7　② B♭M7, C7　③ B♭7, C7　④ B♭M7, Am

3) D key

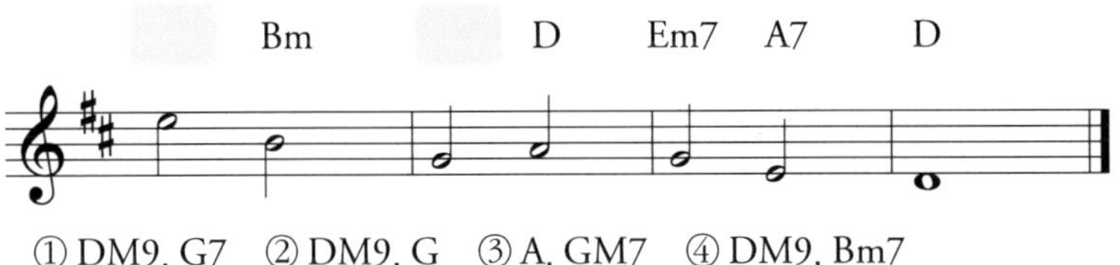

① DM9, G7　② DM9, G　③ A, GM7　④ DM9, Bm7

13

코드 진행법 2
넌 다이아토닉 코드

／

34-37강

unit 72 넌 다이아토닉 non-diatonic 이란?

1) 넌 다이아토닉의 뜻

단어 앞에 'non'이라는 접두어가 붙으면 넌센스(nonsense)처럼 '~이 아닌' 이라는 뜻이 추가됩니다. 그래서 다이아토닉 코드 앞에 'non'을 붙이면 넌 다이아토닉 코드가 되어 다이아토닉 외의 코드를 지칭하는 말이 됩니다.

non + diatonic = non-diatonic
(~이 아닌) (다이아토닉) (다이아토닉이 아닌)

다이아토닉 코드는 조key에 들어있는 음을 가지고 만들어졌기 때문에 코드 진행시 무난한 느낌을 줍니다. 이런 무난함에 변화를 주는 가장 기본적인 방법은 넌 다이아토닉 코드를 넣어주는 것입니다.
넌 다이아토닉 코드는 반음계적인 음을 포함하기 때문에 곡의 분위기를 다르게 합니다. 그렇다고 한 곡에서 넌 다이아토닉 코드를 너무 자주 사용하면 조성의 개념이 흔들리기 때문에 과하지 않게 쓰는 것이 좋습니다.

대표적인 넌다이아토닉 코드 진행은 세컨더리 도미넌트, 익스텐디드 세컨더리 도미넌트, 세컨더리 디미니시드, 2-5-1, 모달 인터체인지가 있습니다.

C key

세컨더리 도미넌트

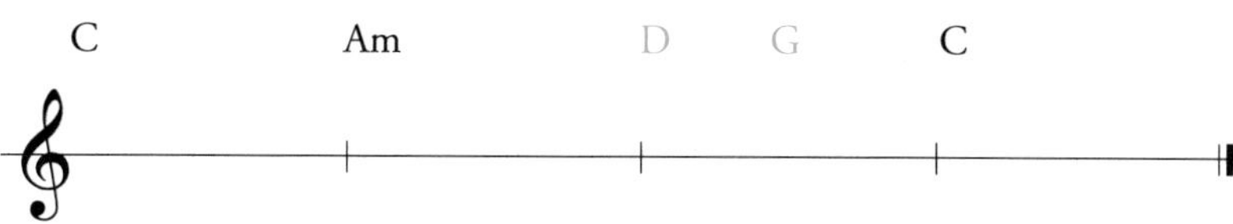

익스텐디드 세컨더리 도미넌트

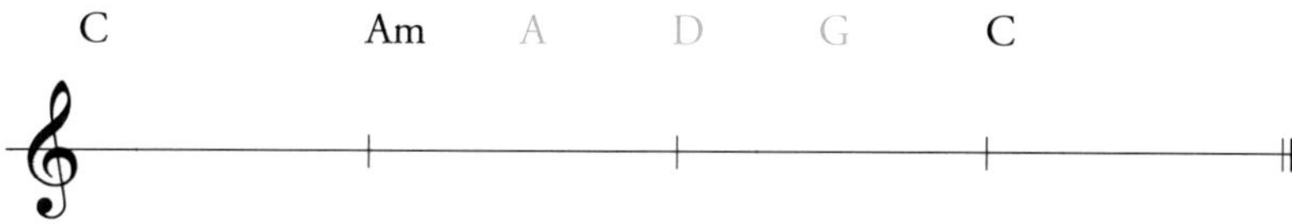

세컨더리 디미니시드

2-5-1

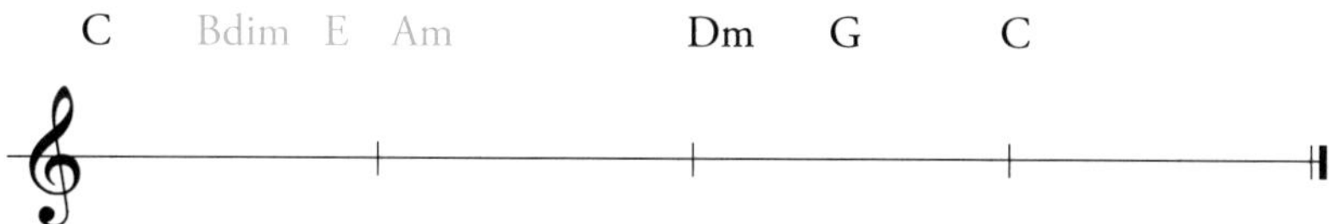

모달 인터체인지

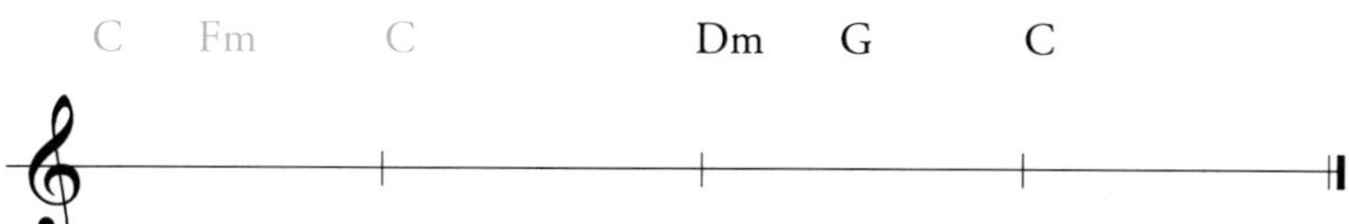

unit 73 세컨더리 도미넌트 secondary dominant

먼저 알아볼 넌 다이아토닉 코드 진행은 세컨더리 도미넌트입니다. 우선 도미넌트가 무슨 뜻인지 부터 알아보겠습니다.

1) Dominant

온음계의 각 음들은 고유한 이름을 가지고 있습니다. 도미넌트란 으뜸음을 기준으로 5도 위의 음을 말합니다.

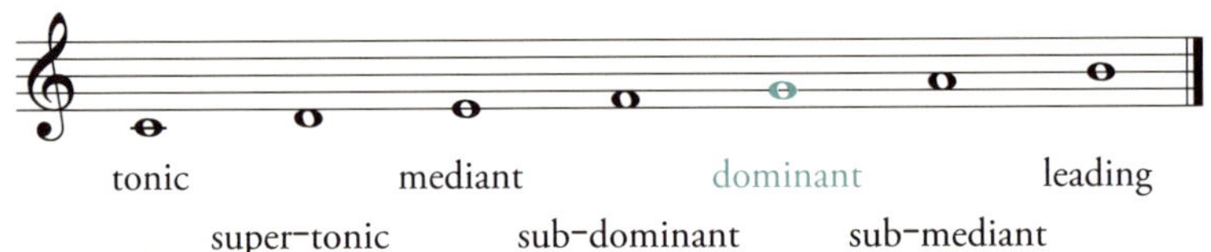

도미넌트는 '우세한'이라는 뜻이며 조성음악에서 으뜸음tonic 다음으로 중요한 위치를 차지하고 있습니다. 또한 도미넌트는 으뜸음tonic 으로 가려는 강한 성질을 가지고 있는데, 이것 때문에 V -> I 진행을 자주 보는 것입니다.

* 우리말로는 tonic을 으뜸음, dominant를 딸림음, sub dominant를 버금딸림음 이라고 부릅니다.

2) 세컨더리 도미넌트란?

도미넌트는 토닉으로 가려는 강한 성질이 있다고 했습니다. 코드 진행 시 이런 도미넌트의 성질을 이용하여 다른 조key의 코드를 빌려올 수 있는데 이것을 세컨더리 도미넌트라고 부릅니다.

예를 들어,

① C key인 노래에서 C -〉 Dm 라는 다이아토닉 코드 진행이 있습니다.

② 이 진행 사이에 도미넌트의 성질을 이용하여 Dm로 가려는 'Dm의 5도 화음'을 넣을 수 있습니다. C -〉 (Dm의 5도) -〉 Dm

③ Dm를 I로 가정 할 때 5도 화음은 A가 됩니다. 그래서 Dm로 가려는 도미넌트 성질의 A를 넣어 주면 C -〉 A -〉 Dm 라는 코드 진행을 만들 수 있습니다.

④ 이 때 사용 된 A코드를 Dm의 세컨더리 도미넌트라고 부릅니다. C key의 도미넌트 코드는 G로 정해져 있기 때문에 '세컨더리'를 붙여 구분합니다.

다이아토닉으로만 된 진행 세컨더리 도미넌트가 포함된 진행

V보다 V7이 I으로 가려는 성질이 더 강하기 때문에 세컨더리 도미넌트는 주로 7th 코드를 사용합니다.

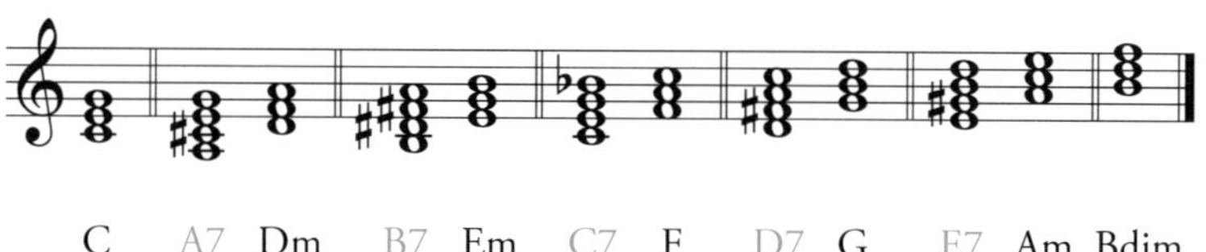

C A7 Dm B7 Em C7 F D7 G E7 Am Bdim

3) 세컨더리 도미넌트를 쉽게 찾는 tip

세컨더리 도미넌트를 정리해 보면 각 다이아토닉 코드의 근음에서 완전5도 위의 음으로 시작하는 Major 코드임을 알 수 있습니다. 그래서 세컨더리 도미넌트를 쉽게 구하려면 다이아토닉 코드의 5음을 근음으로 하는 Major 코드를 찾으면 됩니다.

예를 들어, Dm의 5음은 '라'입니다. 그럼 '라'를 근음으로 하는 Major 코드인 A가 Dm의 세컨더리 도미넌트가 되는 것입니다.

* I로 가정한 코드가 마이너일 경우, 주로 하모닉 마이너 다이아토닉을 기준으로 진행을 구합니다.

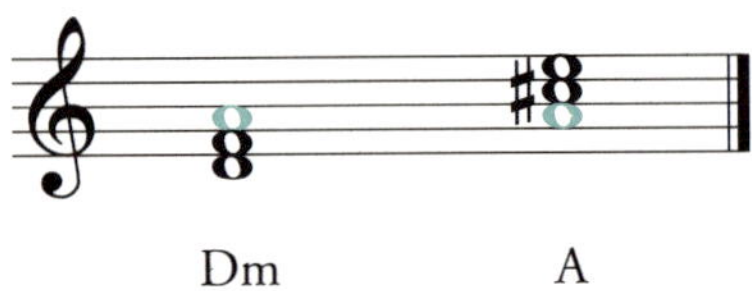

4) 세컨더리 도미넌트의 도수 표기

세컨더리 도미넌트의 도수는 'V/( )'로 표기 합니다. C key의 C -> A -> Dm 코드 진행을 도수로 분석 하면, I -> V/ IIm -> IIm 가 됩니다.

예시 | C key

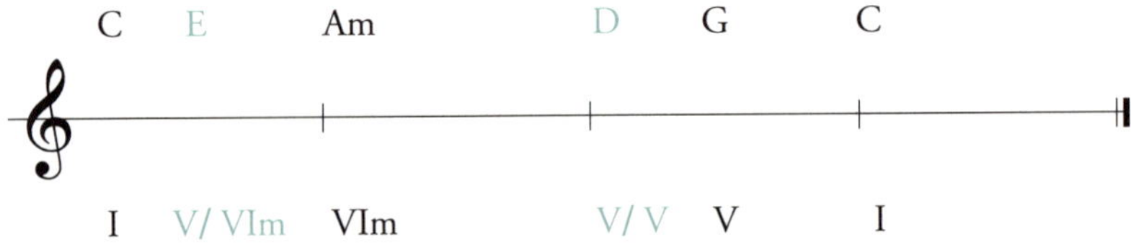

check 1 주어진 코드의 세컨더리 도미넌트 7th를 적어보세요.

① - G7

② - Dm7

③ - B7

④ - E7

check 2 다음 코드 진행을 도수로 분석해 보세요.

G key

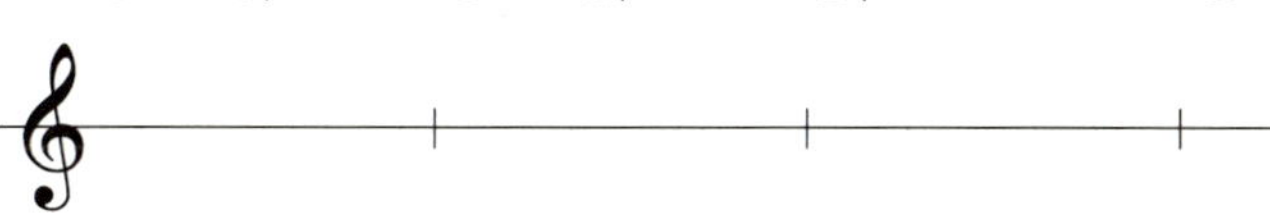

unit 74 코드 진행 연습 ① 세컨더리 도미넌트

다이아토닉 코드와 비교해 보면 세컨더리 도미넌트는 대부분 ♯이 추가된 코드라서 ♯이 주는 밝고, 세고, 상행하는 느낌을 표현할 때 자주 사용합니다.

장조의 세컨더리 도미넌트를 정리하면 다음과 같습니다. C key

구분	세컨더리 도미넌트 triad		세컨더리 도미넌트 7th	
1도	X	C	X	CM7
2도	A	Dm	A7	Dm7
3도	B	Em	B7	Em7
4도	C	F	C7	FM7
5도	D	G	D7	G7
6도	E	Am	E7	Am7
7도	X	Bdim	X	Bm7(♭5)

주의할 점은,

① 1도의 경우 프라이머리 도미넌트 코드가 있기 때문에 세컨더리 도미넌트는 없습니다.

② 7도의 경우, 어떤 조성에서도 diminished 코드가 I로 쓰이지 않기 때문에 diminished로 가려는 V는 존재하지 않습니다. 그래서 7도의 세컨더리 도미넌트는 없습니다.

③ 4도의 경우, 3화음은 세컨더리 도미넌트가 다이아토닉 코드triad라서 4도의 세컨더리 도미넌트는 7th만 사용합니다.

check 1 다음 빈칸에 넌 다이아토닉 코드를 넣어 세컨더리 도미넌트 진행을 만들어 보세요.

① G key

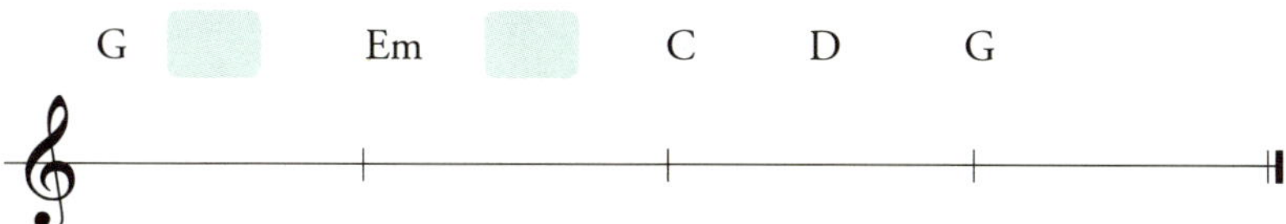

② C key

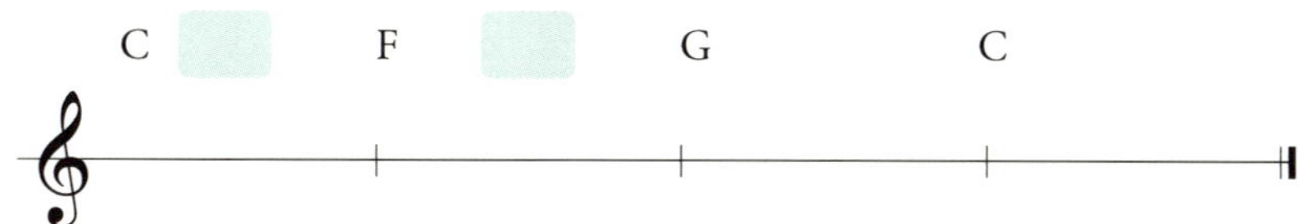

check 2 다음 괄호에 다이아토닉 코드를 넣어 세컨더리 도미넌트 진행을 만들어 보세요.

① C key

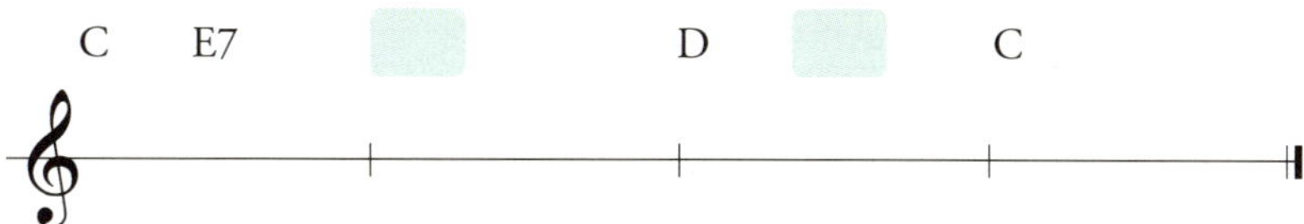

② A key

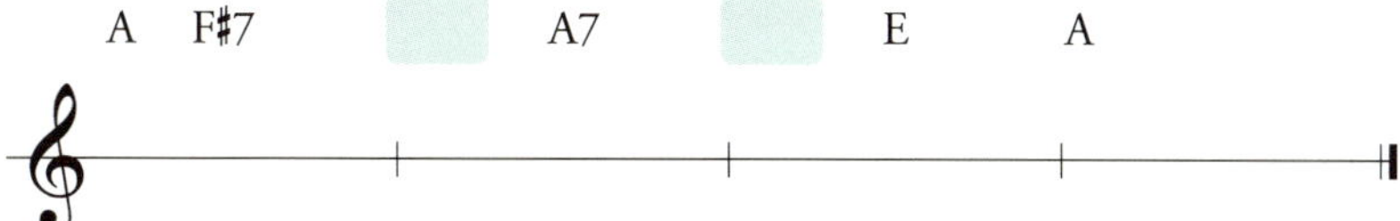

▶ *check 3* 넌 다이아토닉 코드와 다이아토닉 코드를 차례대로 넣어 멜로디에 어울리는 세컨더리 도미넌트 진행을 만들어 보세요.

※ 세컨더리 도미넌트가 추가된 애국가입니다. 팟캐스트 강의로 소리를 꼭 들어보세요.

* 애국가 악보는 리하모니를 표현하기 위해 못갖춘마디로 편곡하였습니다.

unit 75

익스텐디드 세컨더리 도미넌트
extended secondary dominant

extended는 '길어진', '연장한' 이라는 뜻입니다. 익스텐디드 세컨더리 도미넌트란 연속적으로 나온 세컨더리 도미넌트 진행을 말합니다. 간단하게 익스텐디드 도미넌트라고도 합니다.

예를 들어,

① 세컨더리 도미넌트가 들어간 C -〉 A -〉 Dm 진행이 있습니다.

② 여기서 Dm의 세컨더리 도미넌트인 A코드로 가려는 또 다른 A의 세컨더리 도미넌트 코드를 생각할 수 있습니다. C -〉 (A의 5도 화음) -〉 A -〉 Dm

③ A를 I로 가정 할 때 5도 화음은 E입니다. 그래서 A로 가려는 도미넌트 성질의 E를 추가하여 C -〉 E -〉 A -〉 Dm를 만들 수 있습니다.

④ 결과적으로 세컨더리 도미넌트 진행이 연속적으로 이루어졌기 때문에 이것을 익스텐디드 세컨더리 도미넌트라고 부릅니다.

세컨더리 도미넌트 진행 익스텐디드 세컨더리 도미넌트 진행

2) 익스텐디드 세컨더리 도미넌트의 도수 표기

익스텐디드 세컨더리 도미넌트의 도수는 'V/(코드 이름)'으로 적습니다. 예를 들어, C key의 C -〉 E -〉 A -〉 Dm 코드 진행을 도수로 분석하면, I -〉 V/ A -〉 V/ IIm -〉 IIm 가 됩니다.

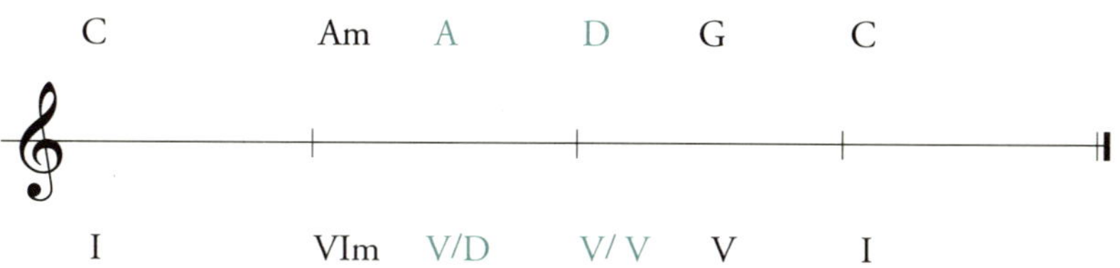

▶ *check 1* 주어진 코드의 익스텐디드 세컨더리 도미넌트 7th를 적어 보세요.

① ☐ ☐ - G7

② ☐ ☐ - Dm7

③ ☐ ☐ - B7

④ ☐ ☐ - E7

▶ *check 2* 다음 코드 진행을 도수로 분석해 보세요.

D key

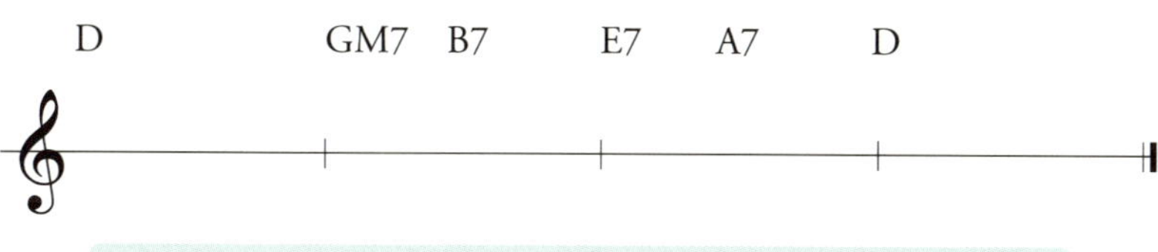

unit 76 코드 진행 연습 ② 익스텐디드 세컨더리 도미넌트

세컨더리 도미넌트와 같은 이유로 익스텐디드 세컨더리 도미넌트 또한 1도, 7도는 사용하지 않습니다. 4도는 다이아토닉 코드와 같으므로 사용하지 않습니다. 익스텐디드 도미넌트는 3화음과 7화음을 섞어서 사용할 수 있습니다.

(ex : E-A-Dm / E7-A-Dm / E-A7-Dm / E7-A7-Dm)

장조의 익스텐디드 세컨더리 도미넌트를 정리하면 다음과 같습니다. C key

구분	익스텐디드 도미넌트 triad			익스텐디드 도미넌트 7th		
1도	X	X	C	X	X	CM7
2도	E	A	Dm	E7	A7	Dm7
3도	F#	B	Em	F#7	B7	Em7
4도	~~G~~	~~C~~	F	~~G7~~	~~C7~~	FM7
5도	A	D	G	A7	D7	G7
6도	B	E	Am	B7	E7	Am7
7도	X	X	Bdim	X	X	Bm7(♭5)

check 1 다음 빈칸에 넌 다이아토닉 코드를 넣어 익스텐디드 세컨더리 도미넌트 진행을 만들어 보세요.

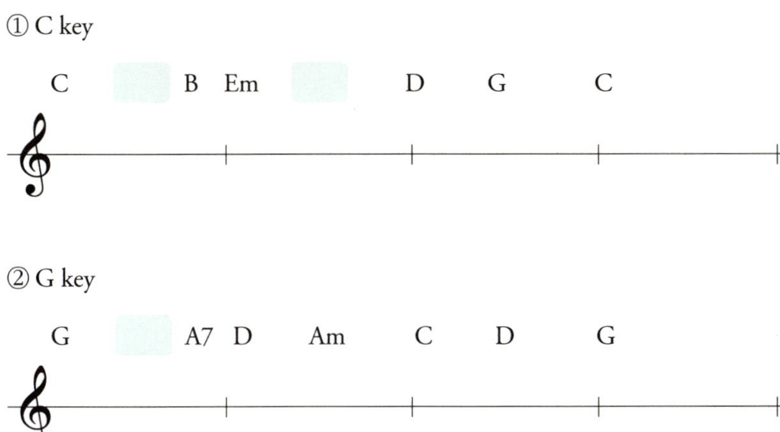

check 2 다음 빈칸에 다이아토닉 코드를 넣어 익스텐디드 세컨더리 도미넌트 진행을 만들어 보세요.

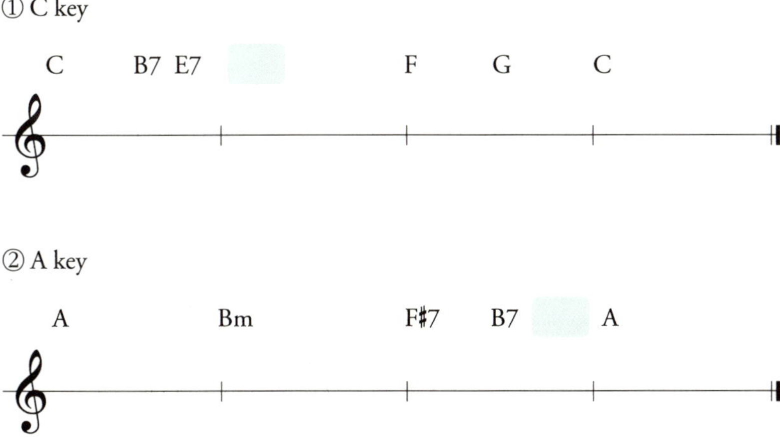

check 3 넌 다이아토닉 코드를 넣어 멜로디에 어울리는 익스텐디드 세컨더리 도미넌트 진행을 만들어 보세요.

⌘ 익스텐디드 세컨더리 도미넌트가 추가 된 애국가입니다. 팟캐스트 강의로 소리를 꼭 들어보세요.

* 애국가 악보는 리하모니를 표현하기 위해 못갖춘마디로 편곡하였습니다.

연습문제 13-1

1. 주어진 코드의 세컨더리 도미넌트를 적어보세요.

1) [ ] - E7

2) [ ] - F♯m7

3) [ ] - Gm7

2. 주어진 코드의 익스텐디드 세컨더리 도미넌트를 적어보세요.

① [ ] [ ] - A7

② [ ] [ ] - Cm7

③ [ ] [ ] - E♭7

3. 주어진 조건이 되도록 빈칸에 들어갈 알맞은 코드를 고르세요.

1) C key 세컨더리 도미넌트, 익스텐디드 세컨더리 도미넌트

CM7 [ ] | Am A7 | D7 [ ] | C ||

① E7, Gm ② Bdim, G7 ③ Em, G ④ E7, G7

2) G key 세컨더리 도미넌트, 익스텐디드 세컨더리 도미넌트

GM7 [ ] | C E7 | [ ] D7 | G ||

① G7, A ② Gm7, A7 ③ G7, Cm ④ G♯dim, A7

4. 세컨더리 도미넌트 진행이 되도록 빈칸에 들어갈 알맞은 코드를 고르세요.

F key

① Dm7, G7 ② D7, G7 ③ B♭, G7 ④ Dm7, Gm7

5. 세컨더리 도미넌트, 익스텐디드 세컨더리 도미넌트 진행이 되도록 빈칸에 들어갈 알맞은 코드를 고르세요.

D key

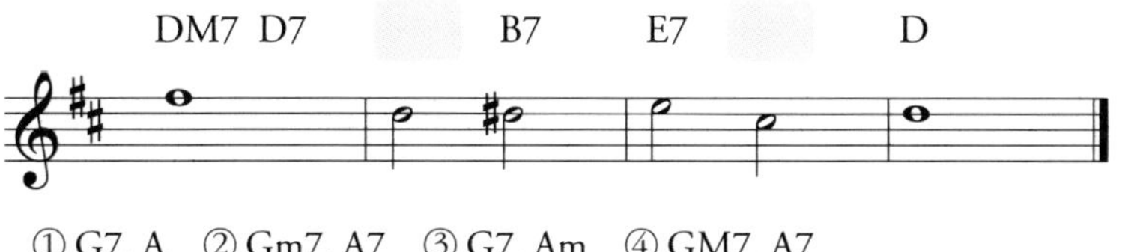

① G7, A ② Gm7, A7 ③ G7, Am ④ GM7, A7

6, 다음 코드 진행을 도수로 분석해 보세요.

B♭ key

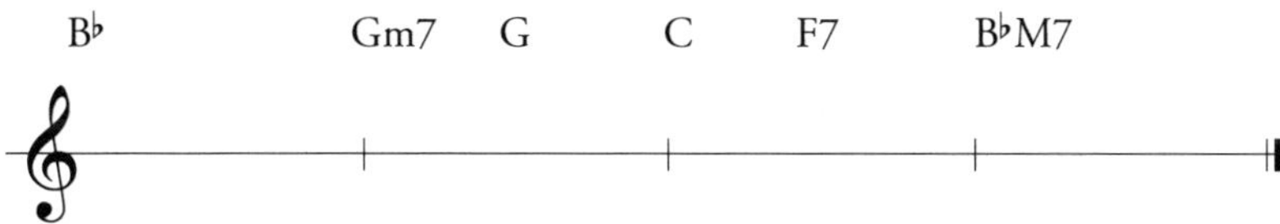

꼭꼭꼭, 기억합시다.

1. 다이아토닉 코드가 아닌 다른 조key의 코드를 넌 다이아토닉 코드라고 부릅니다.

2. 도미넌트의 성질을 이용해 넌 다이아토닉 코드를 진행에 넣을 때, 이것을 세컨더리 도미넌트라고 합니다.

3. 코드의 5음으로 시작하는 메이저 코드를 구하면 세컨더리 도미넌트를 쉽게 찾을 수 있습니다.

4. C key의 세컨더리 도미넌트를 정리하면 다음과 같습니다.

구분	세컨더리 도미넌트 triad		세컨더리 도미넌트 7th	
1도	X	C	X	CM7
2도	A	Dm	A7	Dm7
3도	B	Em	B7	Em7
4도	C X	F	C7	FM7
5도	D	G	D7	G7
6도	E	Am	E7	Am7
7도	X	Bdim	X	Bm7(♭5)

5. 세컨더리 도미넌트의 도수는 'V/(　)'로 표기 합니다.

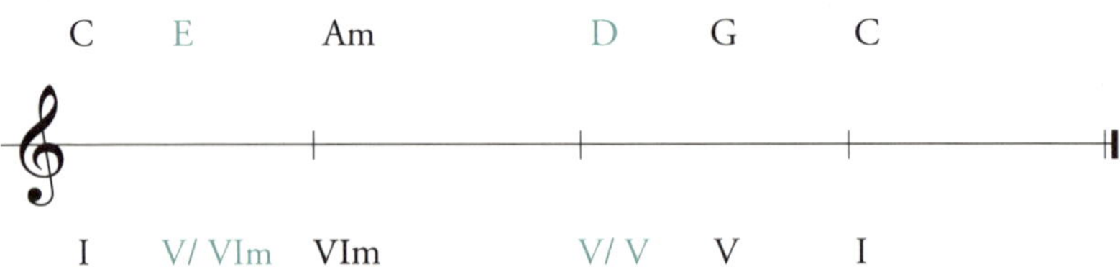

6. 세컨더리 도미넌트 진행이 연속적으로 이루어 진 것을 익스텐디드 세컨더리 도미넌트라고 합니다.

7. C key의 익스텐디드 세컨더리 도미넌트를 정리하면 다음과 같습니다.

구분	익스텐디드 도미넌트 triad			익스텐디드 도미넌트 7th		
1도	X	X	C	X	X	CM7
2도	E	A	Dm	E7	A7	Dm7
3도	F♯	B	Em	F♯7	B7	Em7
4도	G	C	F	G7	C7	FM7
5도	A	D	G	A7	D7	G7
6도	B	E	Am	B7	E7	Am7
7도	X	X	Bdim	X	X	Bm7(♭5)

8. 익스텐디드 세컨더리 도미넌트의 도수는 'V/(코드 이름)'으로 표기합니다.

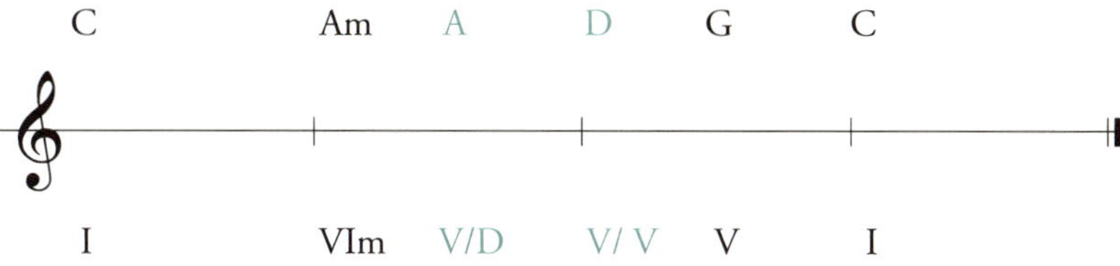

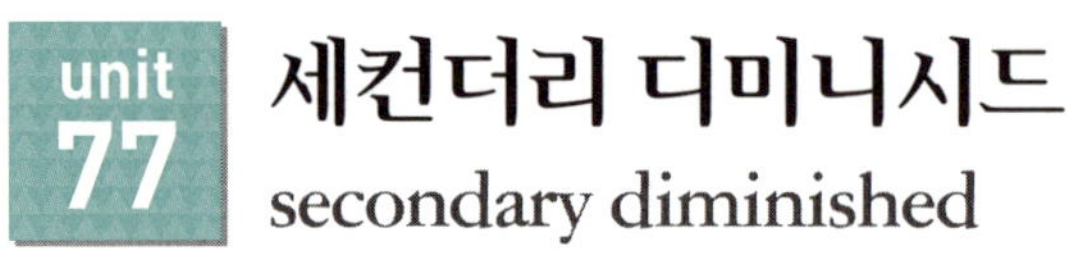

unit 77 세컨더리 디미니시드 secondary diminished

1) Leading

diminished 코드의 근음인 온음계의 7음을 Leading, 우리말로는 이끎음 이라고 합니다.

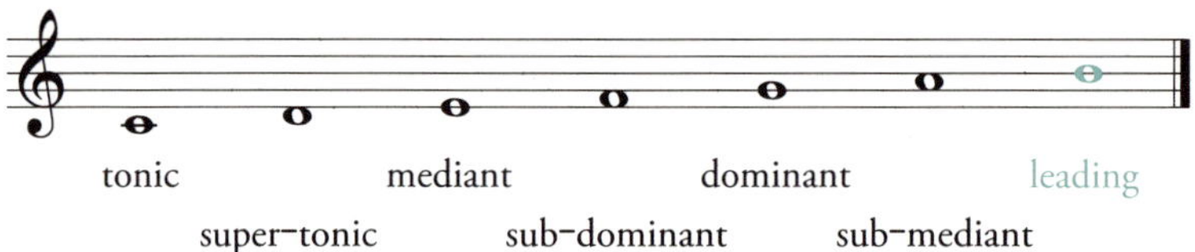

이런 이름이 붙은 이유는 7음이Leading 으뜸음tonic을 유도하는 성질이 있기 때문입니다. 도미넌트가 으뜸음으로 가려는 성질인 반면 Leading은 으뜸음을 데려 오는 성질을 가지고 있습니다. 이런 Leading의 특징 때문에 7도 화음인 diminished 코드도 세컨더리 도미넌트처럼 사용이 가능합니다.

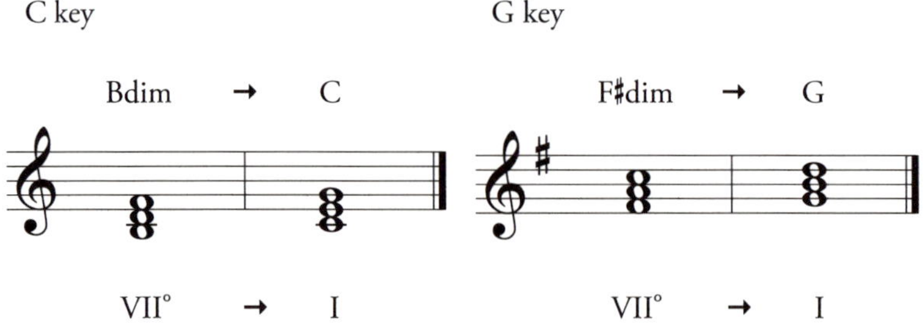

2) 세컨더리 디미니시드란?

7도인 디미니시드 코드는 I을 유도하는 성질이 있습니다. 코드를 진행 시 이런 디미니시드 코드의 성질을 이용해서 다른 조key의 다이아토닉 코드를 빌려올 수 있습니다. 이것을 세컨더리 디미니시드 혹은 세컨더리 리딩이라고 부릅니다. 세컨더리 도미넌트 진행과 같은 원리입니다.

예를 들어,

① C key인 노래에서 C -〉 Dm라는 다이아토닉 코드 진행이 있습니다.

② 이 진행 사이에 디미니시드 코드의 성질을 이용하여 Dm를 유도하려는 'Dm의 7도 화음'인 diminished 코드를 넣을 수 있습니다. C -〉 (Dm의 7도) -〉 Dm

③ Dm를 I으로 가정 할 때 7도 화음인 VII°는 C♯dim입니다. 그래서 Dm를 유도하는 C♯dim를 넣어 주면 C -〉 C♯dim -〉 Dm 라는 코드 진행이 만들어 지게 됩니다.

④ 이 때 사용 된 C♯dim를 Dm의 세컨더리 디미니시드라고 부릅니다. C key의 디미니시드 코드는 Bdim로 정해져 있기 때문에 그냥 디미니시드라고 부르지 않고 '세컨더리'를 붙여 사용합니다.

다이아토닉으로만 된 진행　　　세컨더리 디미니시드가 포함 된 진행

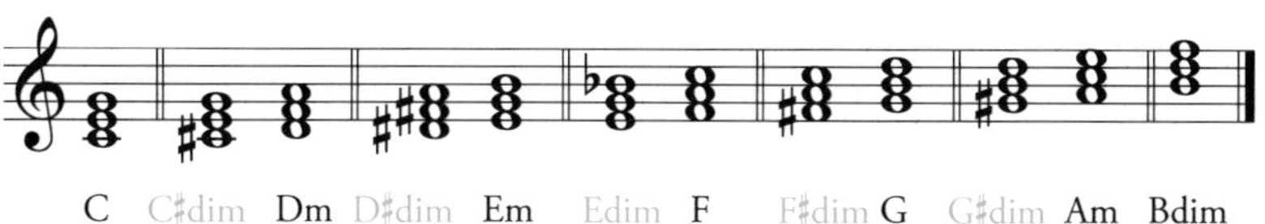

C　C♯dim　Dm　D♯dim　Em　Edim　F　F♯dim　G　G♯dim　Am　Bdim

3) 세컨더리 디미니시드를 쉽게 찾는 tip

장조의 세컨더리 디미니시드를 정리해 보면 각 다이아토닉 코드의 근음에서 단2도반음 아래 음으로 시작하는 diminished 코드임을 알 수 있습니다.

예를 들어, Dm의 세컨더리 디미니시드는 Dm의 근음인 'D'에서 반음을 내린 'C#'으로 시작하는 C#dim입니다.

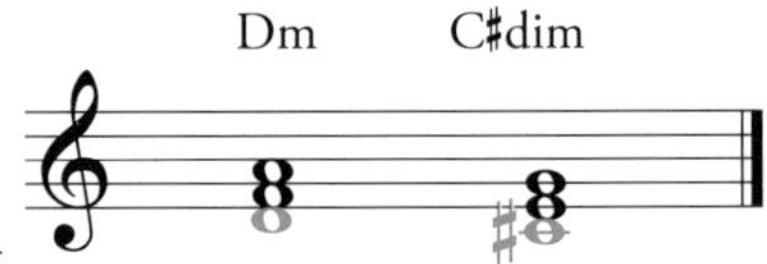

4) 세컨더리 디미니시드의 도수 표기

세컨더리 디미니시드의 도수는 세컨더리 도미넌트와 동일한 방법으로 'VII°/(　)'로 표기합니다.

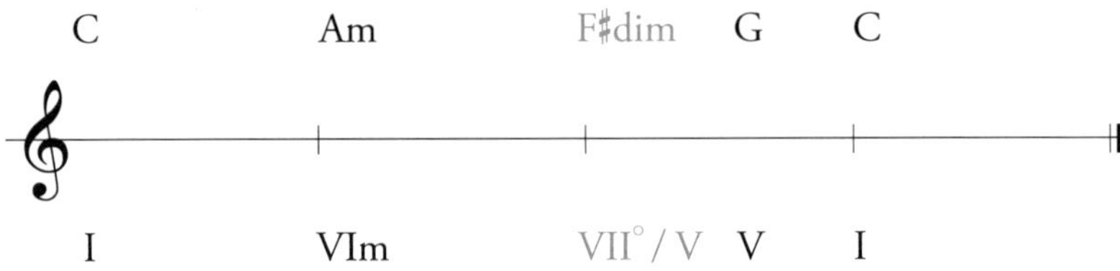

check 1 주어진 코드의 세컨더리 디미니시드 7th를 적어보세요.

① ______ - Dm7

② ______ - Am7

③ ______ - G7

④ ______ - A7

check 2 다음 코드 진행을 도수로 분석해 보세요.

E♭ key

E♭ Edim Fm7 B♭7 E♭M7

unit 78 코드 진행 연습 ③ 세컨더리 디미니시드

장조의 세컨더리 디미니시드 코드를 정리하면 다음과 같습니다.
I로 쓰이는 디미니시드 코드는 없기 때문에 7도 화음의 세컨더리 디미니시드는 없습니다.

장조의 세컨더리 디미니시드를 정리하면 다음과 같습니다. C key

구분	세컨더리 디미니시드 triad		세컨더리 디미니시드 7th		
1도	X	C	X	X	CM7
2도	C♯dim	Dm	C♯m7(♭5)	C♯dim7	Dm7
3도	D♯dim	Em	D♯m7(♭5)	D♯dim7	Em7
4도	Edim	F	Em7(♭5)	Edim7	FM7
5도	F♯dim	G	F♯m7(♭5)	F♯dim7	G7
6도	G♯dim	Am	G♯m7(♭5)	G♯dim7	Am7
7도	X	Bdim	X	X	Bm7(♭5)

주의할 점은,

① 세컨더리 디미니시드 7th는 상황에 따라 dim7과 m7(♭5) 2가지를 모두 사용합니다.

② 세컨더리 도미넌트와는 다르게 4도의 3화음도 세컨더리 디미니시드가 존재 합니다.

▶ *check 1* **다음 빈칸에 넌 다이아토닉 7th 코드를 넣어 세컨더리 디미니시드 진행을 만들어 보세요.**

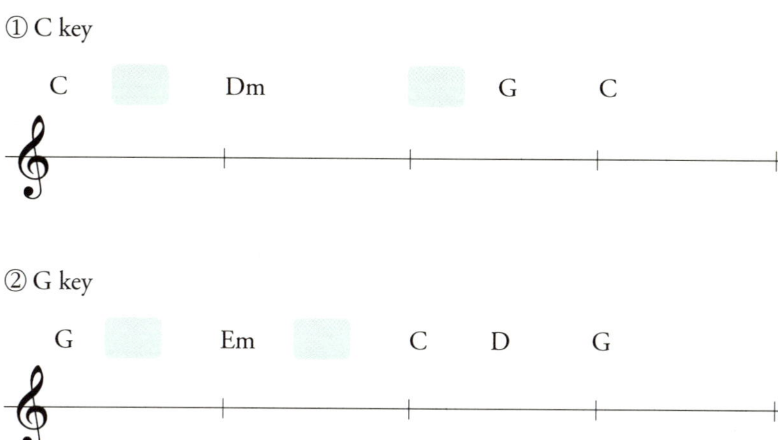

▶ *check 2* **다음 빈칸에 다이아토닉 코드를 넣어 세컨더리 디미니시드 진행을 만들어 보세요.**

① C key

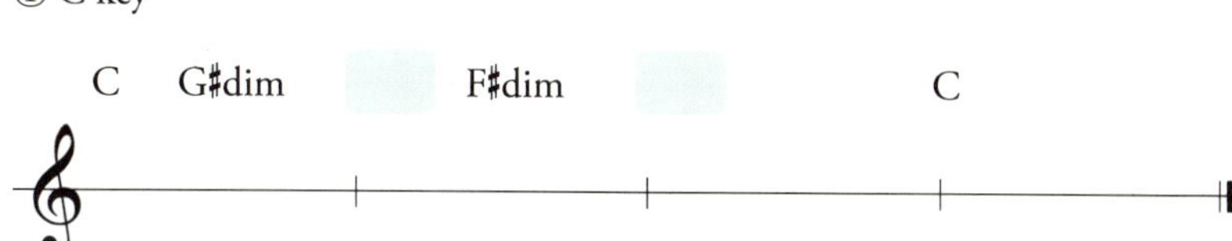

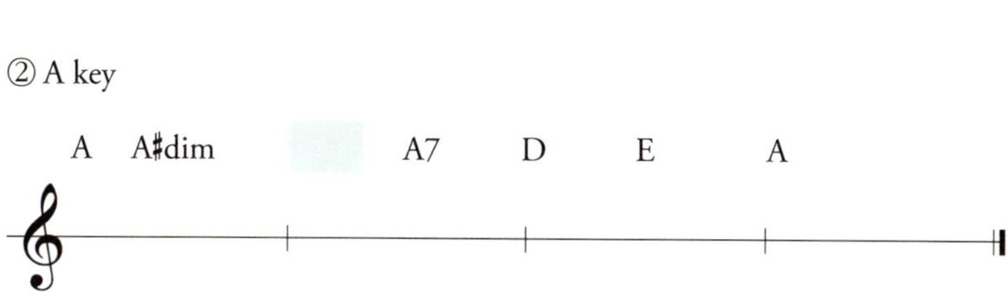

check 3 넌 다이아토닉 7th 코드와 다이아토닉 코드를 차례대로 넣어 멜로디에 어울리는 세컨더리 디미니시드 진행을 만들어 보세요.

※ 세컨더리 디미니시드가 추가 된 애국가입니다. 팟캐스트 강의로 소리를 꼭 들어보세요.

* 애국가 악보는 리하모니를 표현하기 위해 못갖춘마디로 편곡하였습니다.

unit 79

2-5-1 진행

1) 2-5-1이란?

2-5-1은 실용음악에서 자주 사용되는 진행입니다.
다이아토닉의 2-5-1은 자연스럽고 안정적인 느낌을 줍니다. 이러한 진행을 넌 다이아토닉 코드 진행으로 사용하면 다이아토닉과는 또 다른 부드러운 분위기의 노래를 만 들 수 있습니다.

예를 들면,

① C key의 C -〉 Dm 코드 진행 사이에 세컨더리 도미넌트인 A를 넣으면 C -〉 A -〉 Dm가 됩니다.

② Dm를 1도로 가정하면 A -〉 Dm는 5-1입니다.

③ ②의 진행 앞으로 Dm의 2도 화음인 Edim를 추가하면 Dm를 기준으로 코드 진행이 2도 -〉 5도 -〉 1도 가 됩니다.

④ 이것을 처음 진행과 붙이면 C key의 C -〉 Edim -〉 A -〉 Dm 진행이 만들어 집니다. 즉, d minor key의 II°-〉 V -〉 Im 진행을 C key로 가지고와서 사용한 것 입니다. 이런 진행을 2-5-1이라고 합니다.

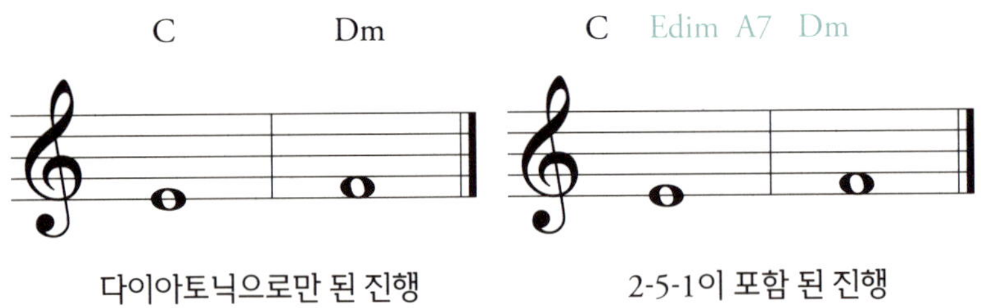

다이아토닉으로만 된 진행 2-5-1이 포함 된 진행

2) 2-5-1을 쉽게 찾는 tip

2-5-1은 I로 가정한 코드의 2도 화음을 구한 후 5-1인 세컨더리 도미넌트 진행을 붙이면 됩니다.

I로 가정한 코드의 2도 화음을 구하는 방법은 코드의 근음에서 장2도온음 위의 음으로 시작하는 마이너와 디미니시드 코드를 찾는 것입니다. I로 가정한 코드가 메이저이면 2도 화음은 마이너 코드가 되고, I로 가정한 코드가 마이너이면 2도 화음은 디미니시드 코드가 됩니다.

메이저 다이아토닉

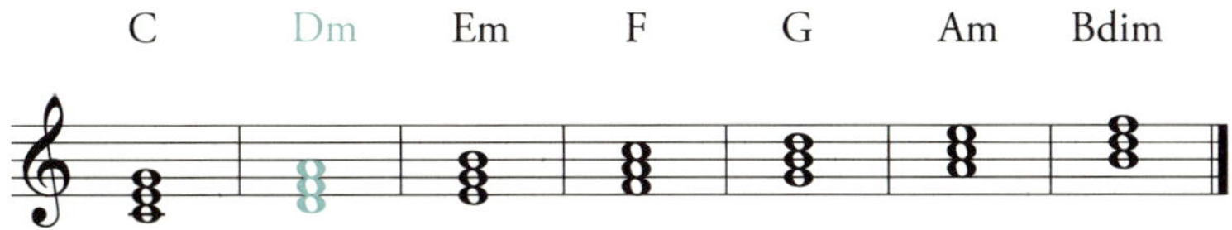

화성단음계 다이아토닉

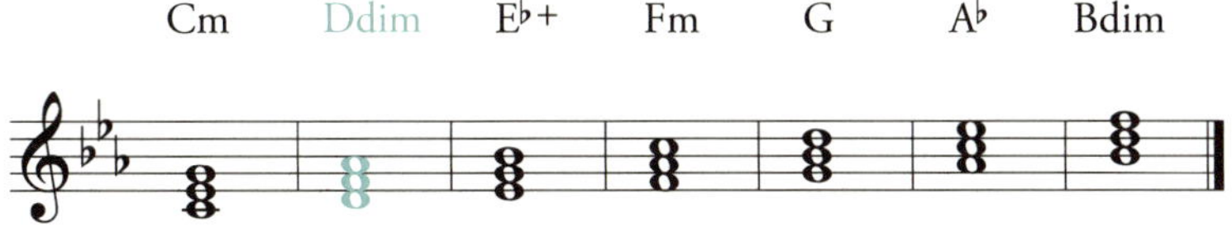

3) 2-5-1의 도수 표기

2-5-1 진행을 도수로 표기할 때는 ' / '와 '-'를 이용합니다.

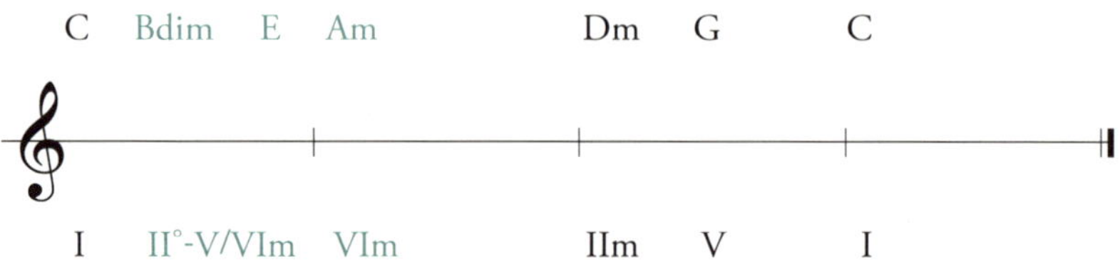

▶check 1 주어진 코드를 I로 가정하고 2-5-1을 완성해 보세요.

① - Am7

② - C

③ - G

④ - Em

▶check 2 다음 코드 진행을 도수로 분석해 보세요.

F key

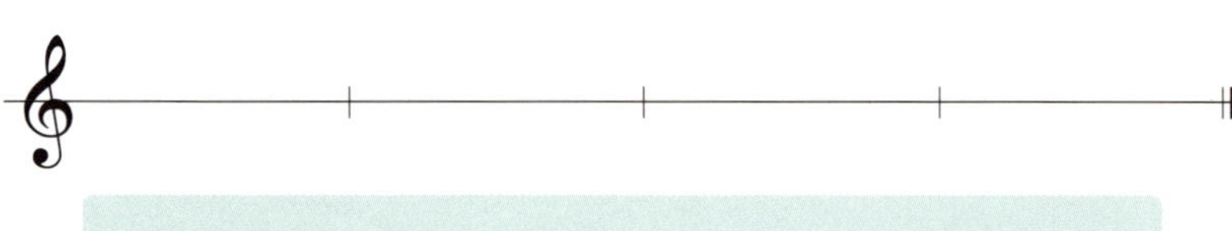

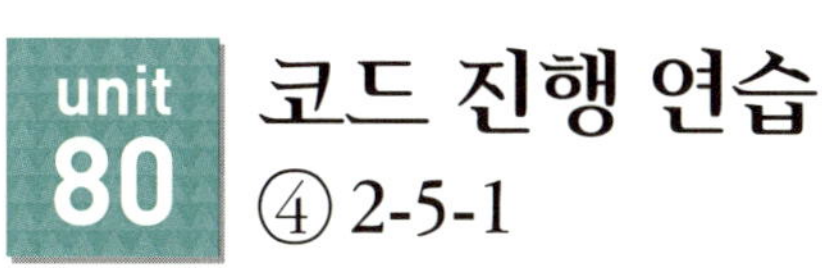

unit 80 코드 진행 연습 ④ 2-5-1

2-5-1은 ♯느낌이 강한 세컨더리 도미넌트 진행 앞으로 ♭이 붙은 2도 화음이 나오는 것입니다. 그래서 2-5-1은 ♯과 ♭주는 분위기를 같이 느낄 수 있는 진행입니다.

장조의 2-5-1을 정리하면 다음과 같습니다. C key

구분	2 - 5 - 1 triad			2 - 5 - 1 (7th)		
1도	Dm	G	C	Dm7	G7	CM7
2도	Edim	A	Dm	Em7(♭5)	A7	Dm7
3도	F♯dim	B	Em	F♯m7(♭5)	B7	Em7
4도	Gm	C	F	Gm7	C7	FM7
5도	Am	D	G	Am7	D7	G7
6도	Bdim	E	Am	Bm7(♭5)	E7	Am7
7도	X	X	Bdim	X	X	Bm7(♭5)

다른 세컨더리 진행에서 살펴본 것처럼 diminished 코드가 1도로 쓰이는 경우는 없기 때문에 7도의 2-5-1은 없습니다. 2-5-1도 익스텐디드 세컨더리 도미넌트처럼 3화음과 7화음을 섞어서 사용할 수 있습니다.

check 1 **다음 빈칸에 알맞은 코드를 넣어 2-5-1 진행을 만들어 보세요.**

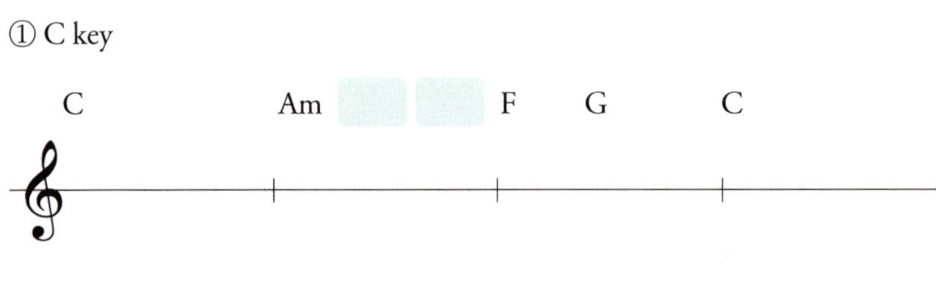

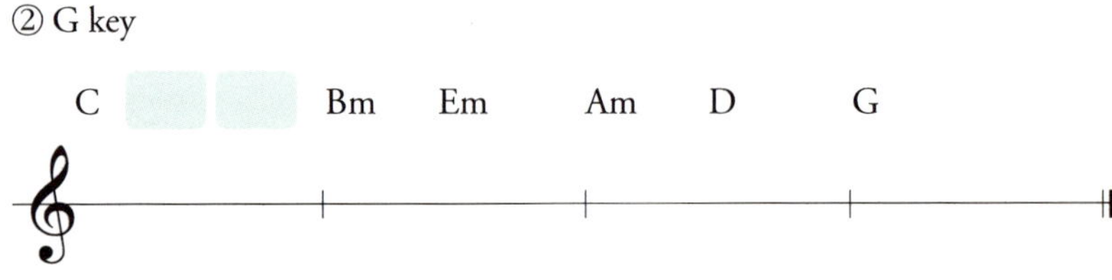

check 2 **다음 빈칸에 알맞은 다이아토닉 코드를 넣어 2-5-1 진행을 만들어 보세요.**

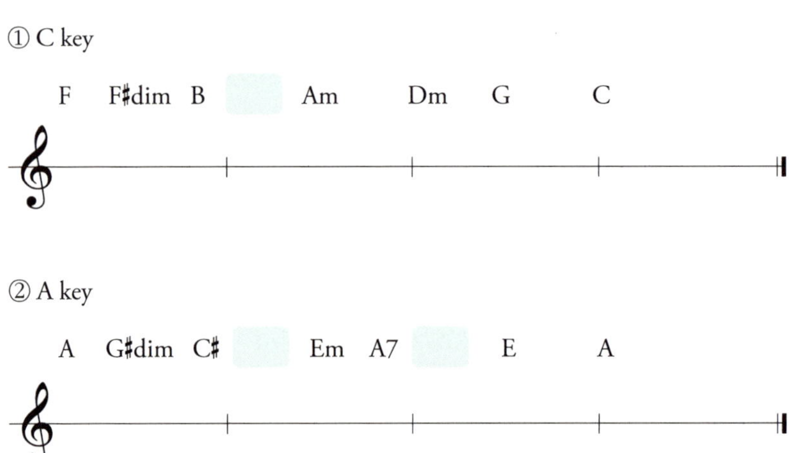

▶ *check 3* 다음 빈칸에 알맞은 코드를 넣어 멜로디에 어울리는 2-5-1 진행을 만들어 보세요.

※ 2-5-1이 추가 된 애국가입니다. 팟캐스트 강의로 소리를 꼭 들어보세요.

* 애국가 악보는 리하모니를 표현하기 위해 못갖춘마디로 편곡하였습니다.

unit 81 모달 인터체인지

1) 음의 진행

모달 인터체인지를 이해하려면 음의 진행을 알아야 합니다.
음의 진행이란 특정 음이 가고자 하는 방향을 말합니다. 예를 들어 같은 소리를 내는 음이라도 '솔#'은 위 음인 '라' 방향으로 상행 하려는 성향이 있지만 '라♭'은 '솔' 방향으로 하행하는 성향을 보입니다. 그래서 같은 소리를 내는 음이라도 코드의 특성에 맞춰 #과 ♭을 정확하게 적어 주어야 합니다.

2) 모달 인터체인지란?

가장 기본적인 모달 인터체인지는 동주조같은으뜸음조에 있는 다이아토닉 코드를 빌려서 사용하는 것입니다. 주의할 점은 바꾼 코드 뒤로 연결 되는 코드는 앞에서 살펴본 음의 진행 방향에 맞는 코드여야 한다는 것입니다.

예를 들어,

① C key의 C -> F 진행이 있습니다. 여기서 F대신에 모달 인터체인지를 적용하여 Fm를 사용하면 C -> Fm 가 됩니다.

② 주의할 점은 Fm 뒤로 오는 코드가 바뀐 음인 '라♭'의 진행 방향에 따라 '솔'이 포함 된 코드여야 한다는 것입니다,

③ 그래서 Fm를 모달 인터체인지로 쓸 때는 '솔'이 포함 된 C나 Em가 Fm 뒤로 올 수 있는지 확인해야 합니다.

minor key의 다이아토닉 코드는 자연, 화성, 가락 3가지가 있기 때문에 Major key의 코드를 대신할 수 있는 minor key의 모달 인터체인지는 1개 이상이 될 수 있습니다.

마이너 다이아토닉 코드에서 중복된 것을 정리하면 다음과 같은 모달 인터체인지를 확인할 수 있습니다.

C key	C	Dm	Em	F	G	Am	Bdim
c key	Cm	Ddim	E♭ E♭aug	Fm	Gm	A♭ Adim	B♭

3) 모달 인터체인지의 도수 표기

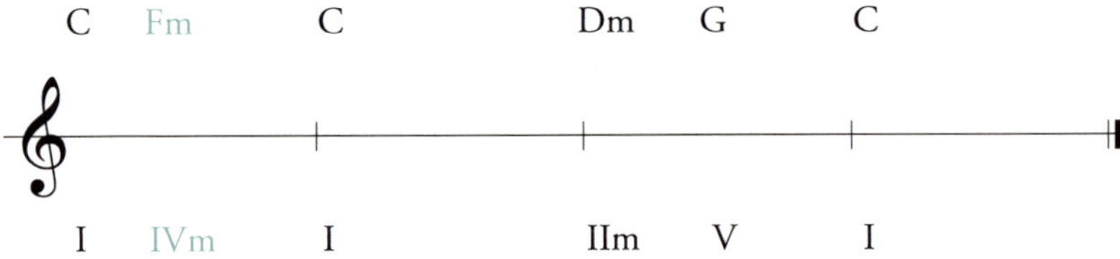

모달 인터체인지를 도수로 표기할 때는 코드의 성질 변화만 추가하면 됩니다. IV → IVm, VIm → VI, IIm → II°

▶check 다음 코드 진행을 도수로 분석해 보세요.

G key

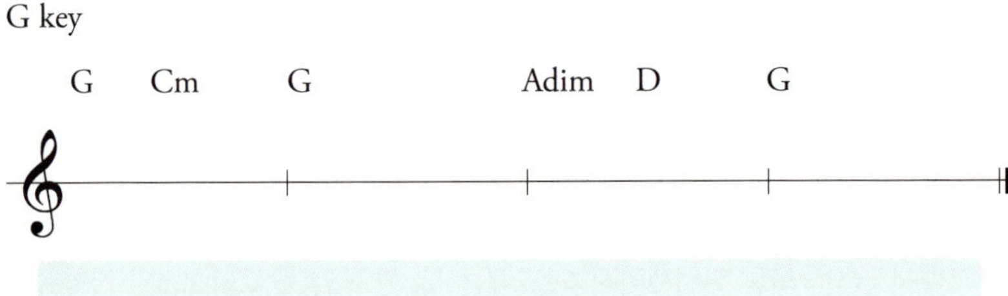

unit 82 코드 진행 연습 ⑤ 모달 인터체인지

모달 인터체인지는 장조 곡에서 단조의 다이아토닉 코드를 사용하는 것입니다. 그렇기 때문에 장조 곡에서 단조의 느낌을 줄 수 있습니다.

모달 인터체인지 코드 진행을 사용하는 방법은 여러 가지가 있습니다. 다음은 그 중에서 자주 사용 되는 모달 인터체인지의 패턴입니다.

C key

1) I - IVm - I

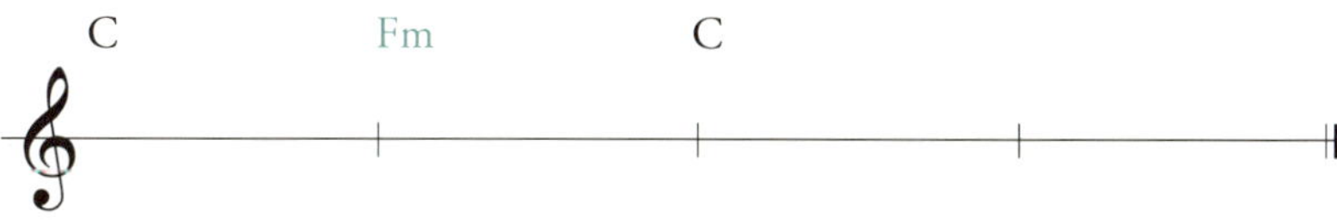

2) IV - IVm - IIIm

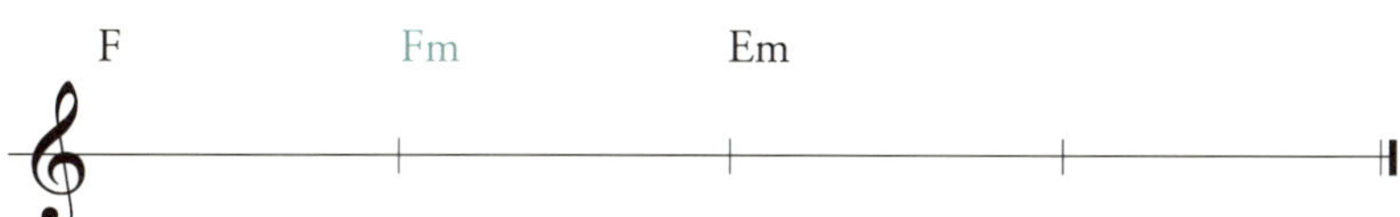

3) II° - V

4) ♭VII - V

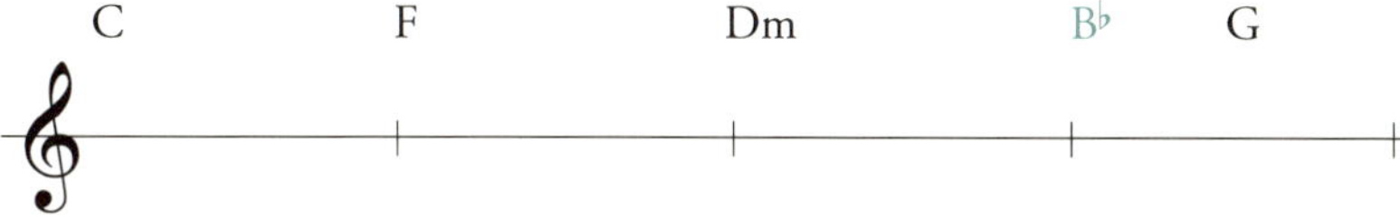

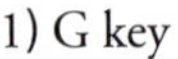 다음 빈칸에 알맞은 코드를 넣어 모달 인터체인지를 만들어 보세요.

1) G key

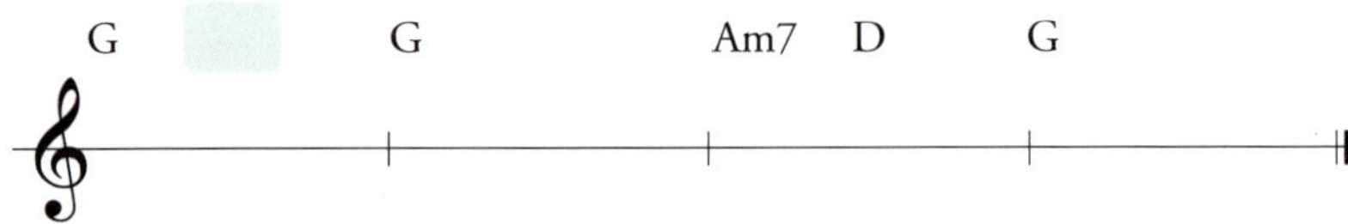

2) F key

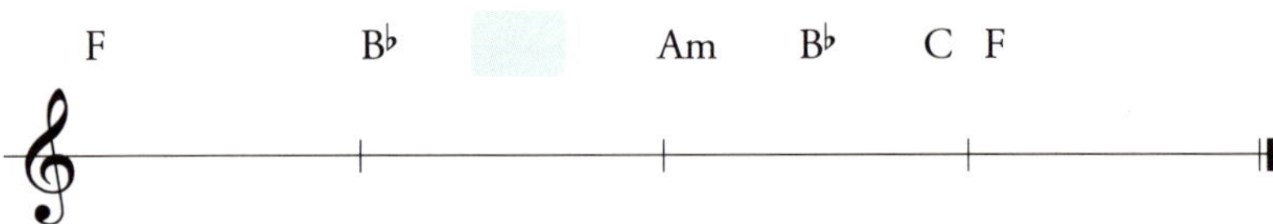

※ 모달 인터체인지가 추가 된 애국가입니다. 팟캐스트 강의로 소리를 꼭 들어보세요.

* 애국가 악보는 리하모니를 표현하기 위해 못갖춘마디로 편곡하였습니다.

연습문제 13-2

1. 주어진 조건이 되도록 빈칸에 들어갈 알맞은 코드를 고르세요.

1) 2-5-1, 세컨더리 디미니시드

C key

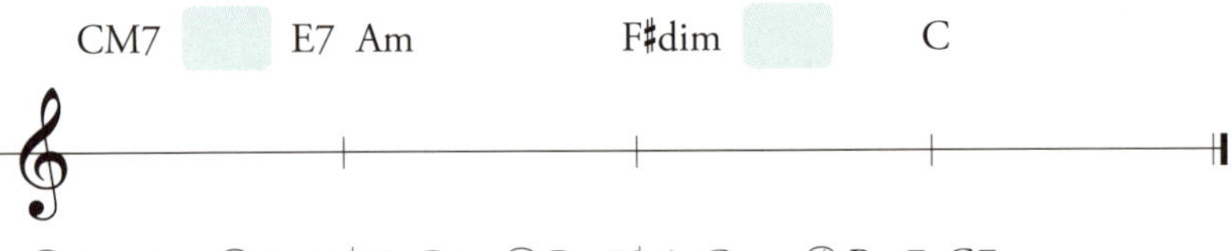

① Bm, G ② Bm7(♭5), G7 ③ Bm7(♭5), Gm ④ Bm7, G7

2) 모달 인터체인지, 2-5-1

G key

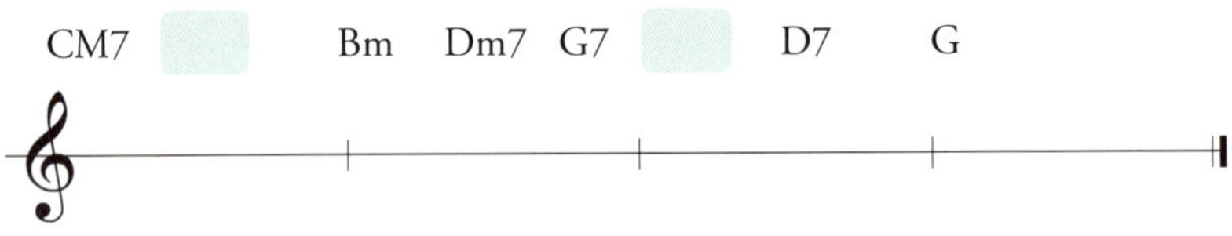

① Cm, CM7 ② Cm, Am ③ Cm, A7 ④ A, C

2. 주어진 조건이 되도록 빈칸에 들어갈 코드를 고르세요. 멜로디와 어울려야 함

1) 세컨더리 디미니시드

F key

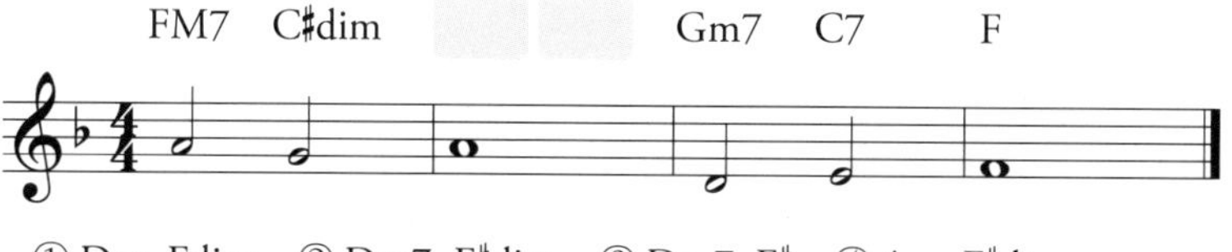

① Dm, Fdim ② Dm7, F♯dim ③ Dm7, F♯ ④ Am, F♯dim

2) 2-5-1, 세컨더리 디미니시드

D key

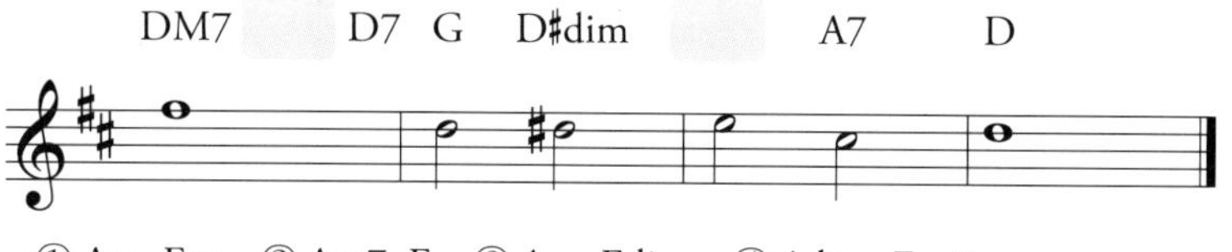

① Am, Em ② Am7, E ③ Am, Edim ④ Adim, Em7

꼭꼭꼭, 기억합시다.

1. I을 유도하는 leading의 성질을 이용해 넌 다이아토닉 코드를 진행에 넣을 때, 이것을 세컨더리 디미니시드라고 합니다.

3. 코드의 근음에서 반음 아래의 디미니시드 코드를 구하면 세컨더리 디미니시드를 쉽게 찾을 수 있습니다.

3. C key의 세컨더리 디미니시드를 정리하면 다음과 같습니다.

구분	세컨더리 디미니시드 triad		세컨더리 디미니시드 7th		
1도	X	C	X	X	CM7
2도	C♯dim	Dm	C♯m7(♭5)	C♯dim7	Dm7
3도	D♯dim	Em	D♯m7(♭5)	D♯dim7	Em7
4도	Edim	F	Em7(♭5)	Edim7	FM7
5도	F♯dim	G	F♯m7(♭5)	F♯dim7	G7
6도	G♯dim	Am	G♯m7(♭5)	G♯dim7	Am7
7도	X	Bdim	X	X	Bm7(♭5)

4. 세컨더리 디미니시드의 도수는 'VII°/(　)'로 표기 합니다.

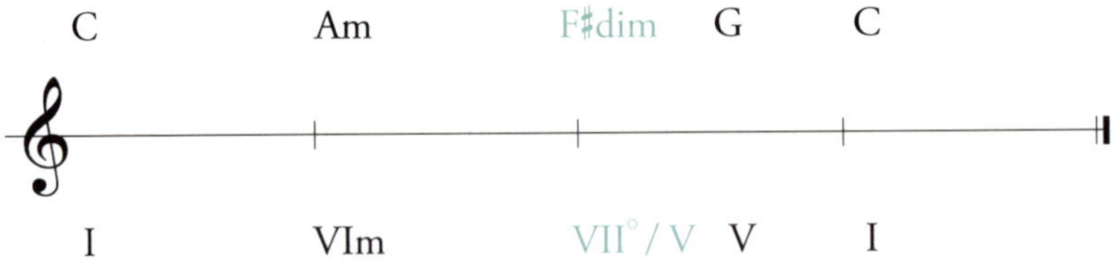

5. 장조의 2-5-1을 정리하면 다음과 같습니다. C key

구분	2 - 5 - 1 triad			2 - 5 - 1 (7th)		
1도	Dm	G	C	Dm7	G7	CM7
2도	Edim	A	Dm	Em7(♭5)	A7	Dm7
3도	F♯dim	B	Em	F♯m7(♭5)	B7	Em7
4도	Gm	C	F	Gm7	C7	FM7
5도	Am	D	G	Am7	D7	G7
6도	Bdim	E	Am	Bm7(♭5)	E7	Am7
7도	X	X	Bdim	X	X	Bm7(♭5)

6. 2-5-1을 도수로 표기할 때는 ' / '와 '-'를 이용합니다.

C Bdim E Am | Dm G | C

I II°-V/VIm VIm | IIm V | I

7. 가장 기본적인 모달 인터체인지는 동주조같은으뜸음조에 있는 다이아토닉 코드를 빌려서 사용하는 것입니다. 주의할 점은 바꾼 코드 뒤로 연결 되는 코드는 음의 진행 방향에 맞는 코드여야 한다는 것입니다.

8. 모달 인터체인지의 도수 표기는 코드의 성질 변화만 추가합니다.

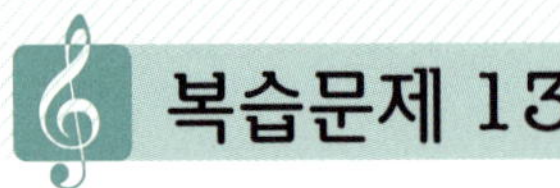

복습문제 13

1. 다음 코드 이름을 보고 악보를 그려보세요.

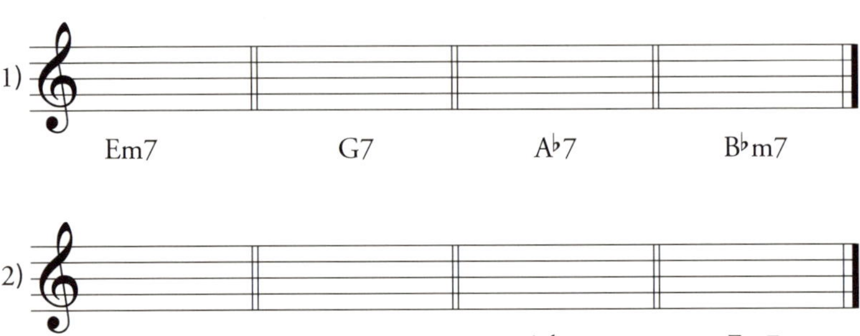

2. 다음 악보를 보고 코드 이름을 적어보세요.

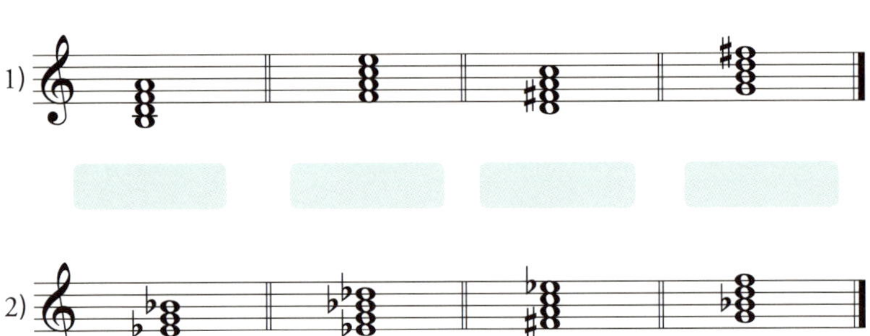

종합문제 13

1. 다음 코드 진행을 도수로 분석하세요.

1) C key

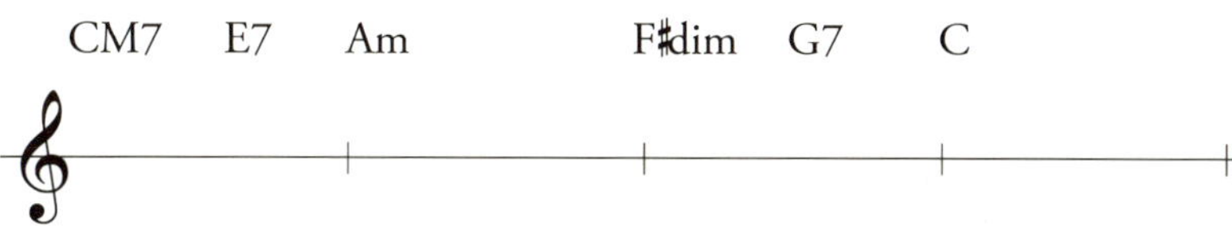

2) G key

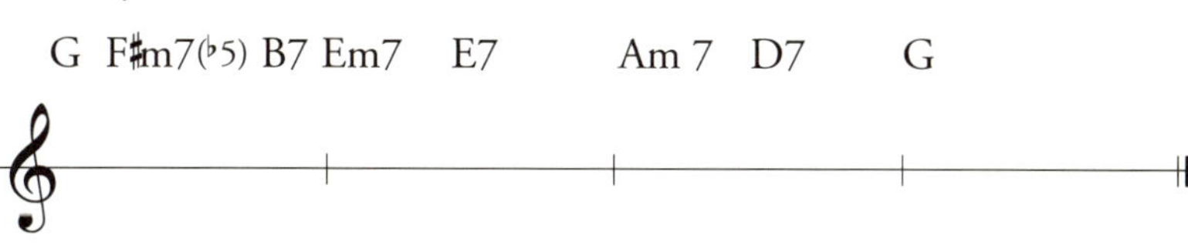

2. 도수를 보고 코드 진행을 적어보세요.

1) C key

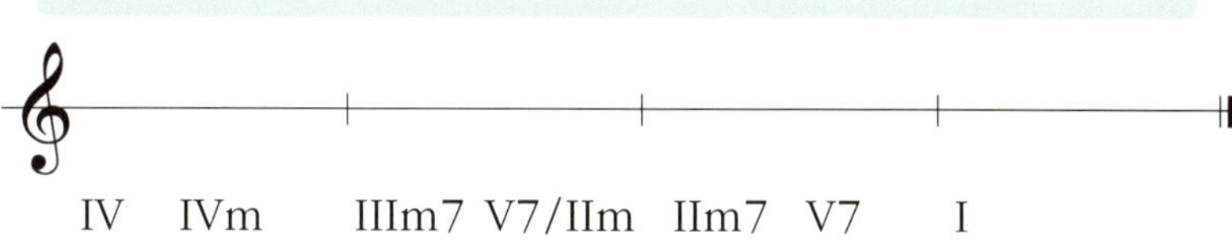

2) F key

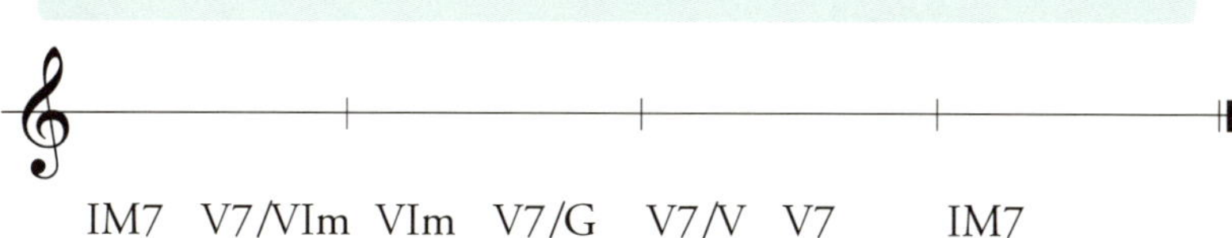

3. 주어진 조건이 되도록 빈칸에 들어갈 알맞은 코드를 고르세요.

1) 2-5-1, 세컨더리 디미니시드

C key

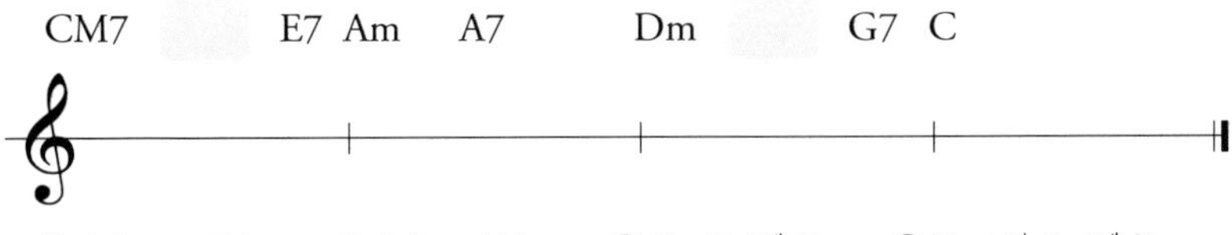

① Bdim7, Fdim ② Bdim, Fdim ③ Bm7, F♯dim ④ Bm7(♭5), F♯dim

2) 모달 인터체인지, 익스텐디드 세컨더리 도미넌트

E key

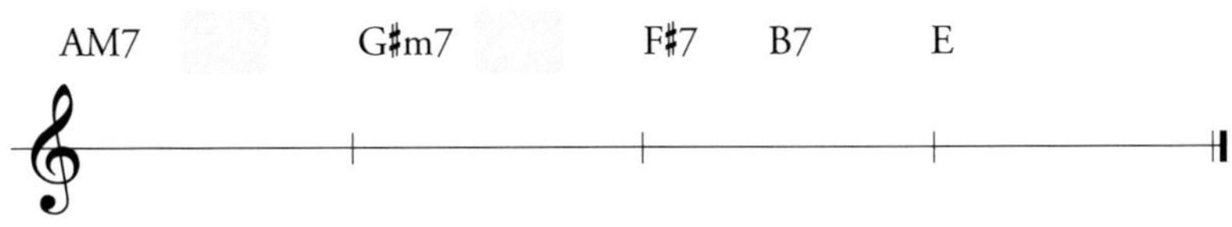

① B, C♯7 ② Am, C♯7 ③ Am, C7 ④ A7, C♯m7

4. 주어진 조건이 되도록 빈칸에 들어갈 알맞은 코드를 고르세요. 멜로디와 어울려야 함

1) 2-5-1, 세컨더리 도미넌트

E♭ key

① GM7, C7 ② G7, Cm7 ③ G7, C7 ④ Gm7, C7

2) 모달 인터체인지, 세컨더리 도미넌트

C key

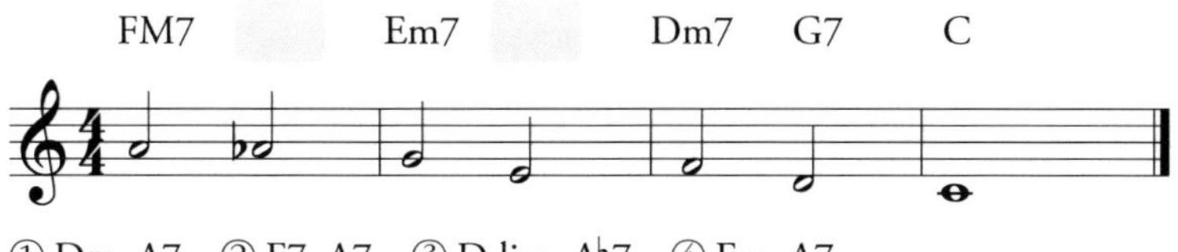

① Dm, A7 ② F7, A7 ③ Ddim, A♭7 ④ Fm, A7

14

코드 진행법 3
분수 코드

/

38-40강

unit 83 분수 코드 진행

분수 코드전위 코드를 사용하면 코드 구성음의 변화 없이도 다른 느낌을 표현할 수 있습니다. 분수 코드 진행은 크게 경과적, 지속적 진행과 음색 변화로 나눕니다.

1) 분수 코드의 경과적 진행

'경과'는 '지나가다'라는 말입니다. '경과적 진행'이란 순차적인 코드가 한쪽 방향상행 또는 하행으로 지나가는 것을 말합니다. 예를 들어 C -> D -> E 상행 나, C -> B -> A 하행 처럼 특정한 방향으로 순차적인 코드가 진행 될 때 '경과적 진행'이라고 합니다.

분수 코드를 사용하면 베이스음이 변하게 됩니다. 이로 인해 분수 코드로 베이스의 경과적 진행을 만들 수 있습니다. 분수 코드를 쓰지 않아도 베이스의 경과적 진행을 할 수 있지만, 그렇게 되면 한 가지 패턴으로만 연결을 하게 됩니다.

아래 진행은 분수 코드를 사용하지 않고 베이스의 경과적 진행을 한 것입니다. 이럴 때는 순차적인 코드로만 베이스의 경과적 진행을 만들 수 있습니다.

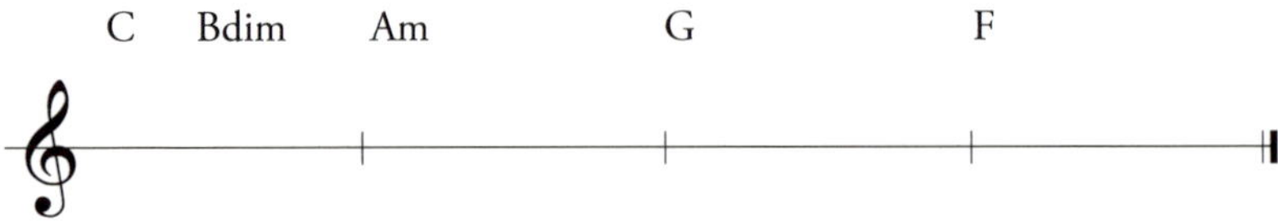

하지만 분수 코드를 사용하면 베이스의 경과적 진행을 유지 하면서도 다양한 코드를 넣을 수 있습니다.

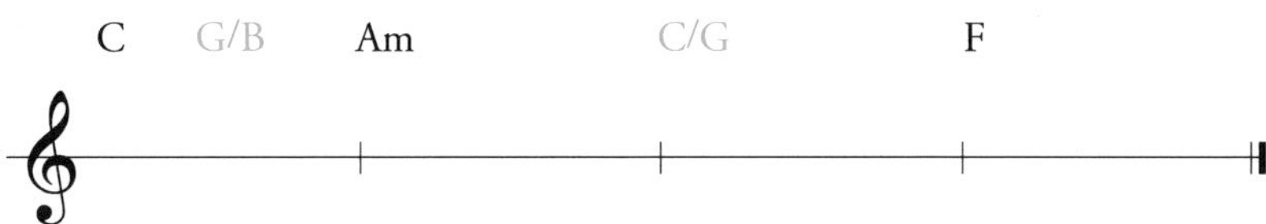

2) 분수 코드의 지속적 진행

분수 코드에서 '지속적 진행'이란 베이스 음을 같은 음으로 지속시켜 주는 것을 말합니다. 경과적 진행과 마찬가지로 분수 코드를 사용하지 않으면 베이스의 지속적 진행을 위해 같은 코드로만 연결을 만들어야 합니다.

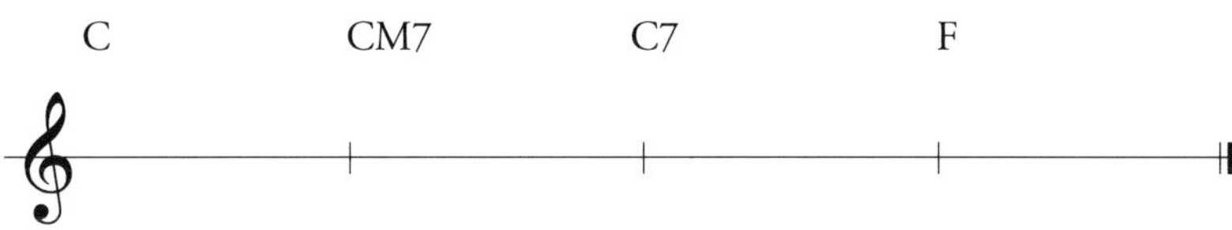

하지만 분수 코드를 사용하면 코드의 변화를 주면서도 베이스 음의 지속적 진행을 할 수 있게 됩니다.

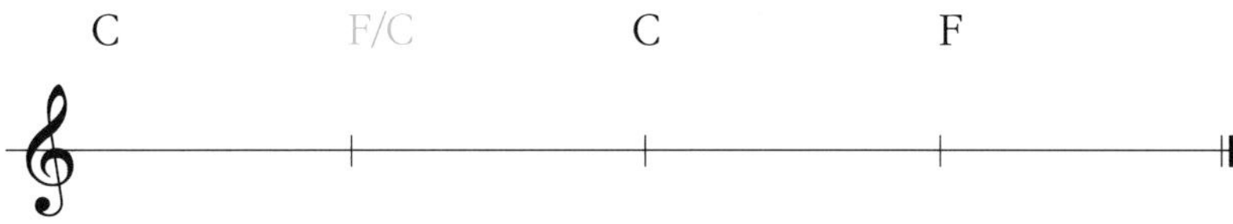

unit 84 코드 진행 연습 ① 베이스의 경과적 진행

베이스의 경과적 진행을 만들 수 있는 방법은 다양합니다. 그 중에서 ○진행을 중심으로 알아보겠습니다.

1) 2도 상행

① 2개의 코드 근음 사이에 있는 반음계적 음을 '/' 오른쪽에 적습니다.

② '/' 오른쪽에 있는 음이 포함되는 코드를 모두 적습니다.

문제	①	②	답
C - [ ] - Dm	/C#	A, A7	A/C#, A7/C#
Dm - [ ] - Em	/D#	B, B7	B/D#, B7/D#

2) 3도 하행

① 2개의 코드 근음 사이에 있는 온음계적 음을 '/' 오른쪽에 적습니다.

② '/' 오른쪽에 있는 음이 포함되는 코드를 모두 적습니다.

문제	①	②	답
C - [ ] - Am	/B	G, Em, E G7, Em7, CM7, E7	G/B, Em/B, E/B G7/B. Em7/B, CM7/B, E7/B
Am - [ ] - F	/G	Em, C Em7, CM7, Am7, C7	Em/G, C/G Em7/G, CM7/G, Am7/G, C7/G

3) 4도 상행

① 2개의 코드 중 앞에 있는 코드를 '/' 왼쪽에 적습니다.

② 코드 구성음 중 뒤에 있는 코드와 단2도 차이나는 음을 '/'오른쪽에 적습니다.

* 단2도 차이의 음이 코드 구성음에 없는 경우는 사용하지 않습니다. ex) Dm - ~~(Dm/F)~~ - G

문제	①	②	답
C - ( ) - F	C/	E	C/E
E7 - ( ) - Am	E7/	G#	E7/G#

▶ *check* **경과적 진행이 되도록 괄호 안에 알맞은 분수 코드를 적어보세요.**

1) C key

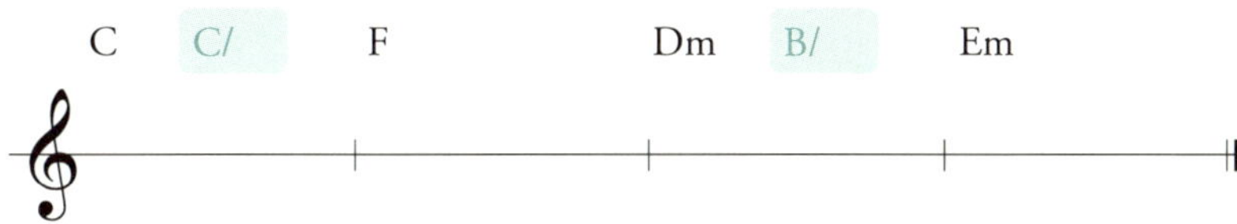

2) G key

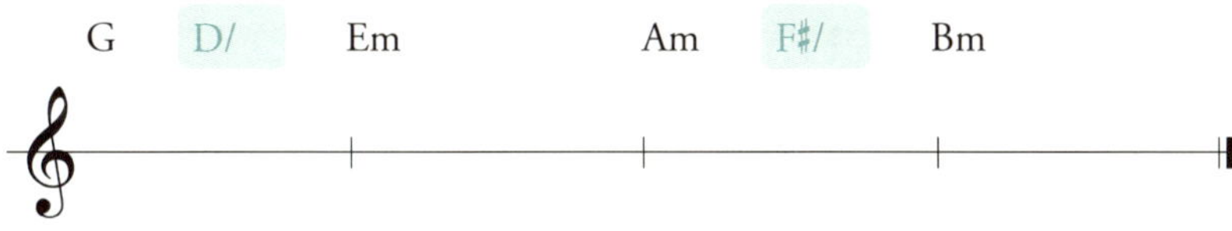

* 분수 코드는 코드의 성질이 변하여 들릴 수 있기 때문에, 다이아토닉 코드의 ○, △, × 진행과 결과가 다를 수 있습니다.

unit 85 코드 진행 연습 ② 베이스의 지속적 진행

베이스의 지속적 진행은 코드는 변하지만 분수 코드를 활용하여 가장 낮은음은 변하지 않는 진행입니다. 코드 구성음의 전위뿐만 아니라 key의 근음과 5음을 베이스 음으로 사용해서 지속적 진행을 만들기도 합니다. 지속적 진행은 코드는 변하는데 가장 낮은음이 바뀌지 않기 때문에 정적인 느낌을 줍니다. 여러 지속적 진행이 있지만 가장 대표적인 패턴을 중심으로 알아보겠습니다.

1) I - IV on I - I

I - IV - I 코드 진행 중, 가운데 코드인 IV를 2전위 하여 앞, 뒤에 있는 I의 근음과 베이스 음을 같게 만들어 주는 진행입니다.

C key

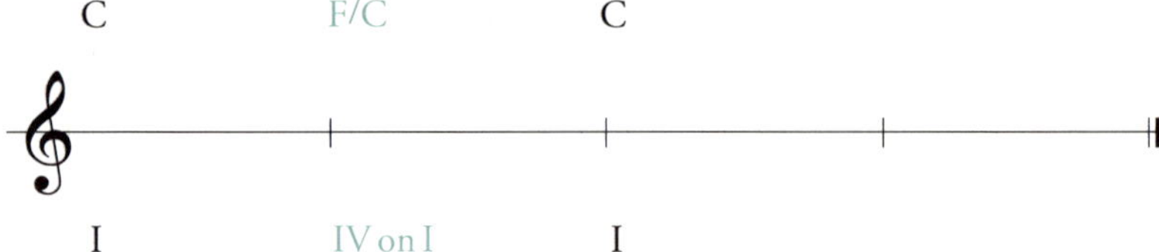

2) I - V on I - IV on I - I

V나 IV는 주요 3화음이라서 key의 근음을 베이스 음으로 사용해도 어울리는 소리를 냅니다. 그래서 VonI, IVonI은 구성음의 자리바꿈이 아니지만 분수 코드로 만들어 지속적 진행으로 사용합니다.

C key

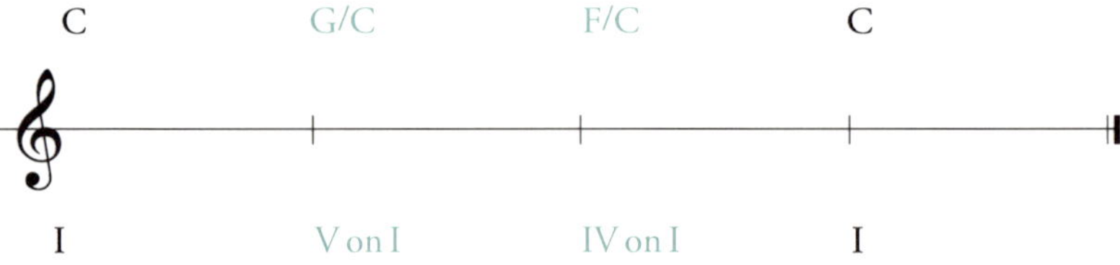

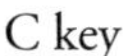

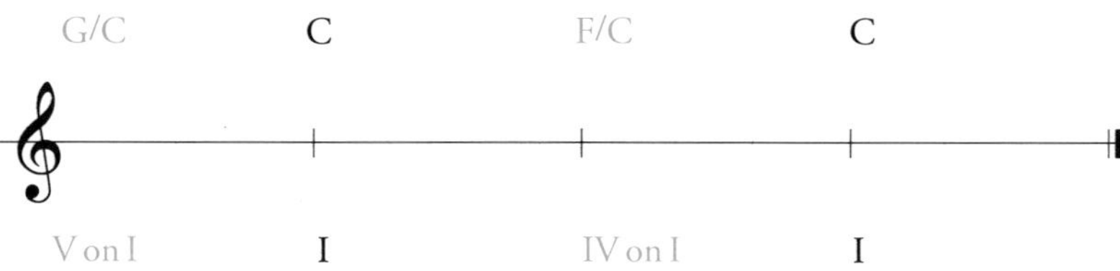

3) IV - V7 on IV

IV 다음에 V7이 나올 때 7음을 베이스 음으로 하는 3전위를 사용하면 지속적 진행이 만들어 집니다.

C key

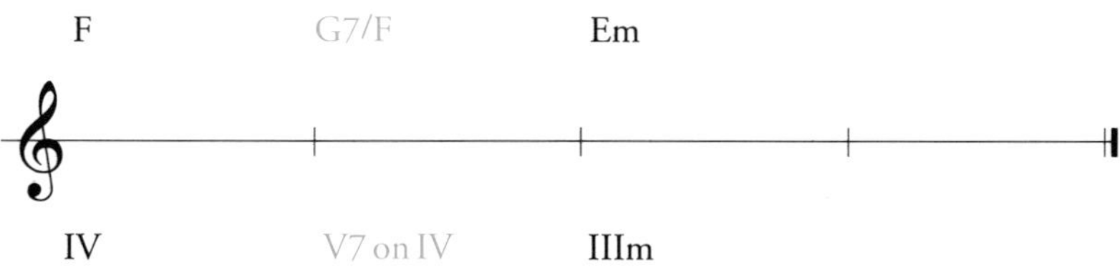

4) I on V - V

곡의 마무리 부분에서 I - V가 나올 때는 I를 2전위 하여 지속적 진행을 만들 수 있습니다.

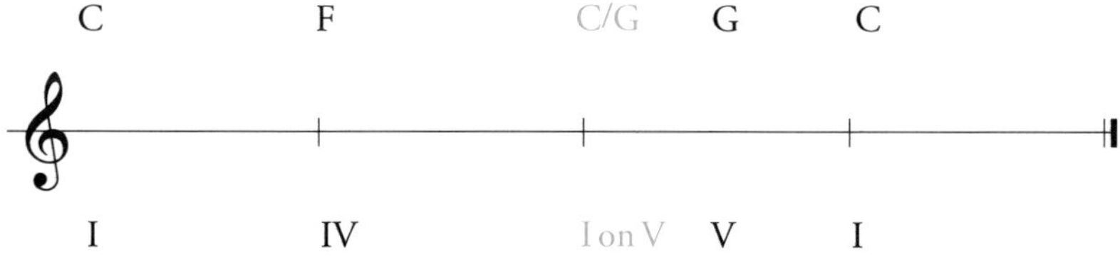

* 분수 코드의 도수 표기는 1가지 방법이 아니라 I/III, I/3, I6 처럼 다양하게 표기할 수 있습니다.

check 지속적 진행이 되도록 빈칸에 알맞은 분수 코드를 넣어보세요.

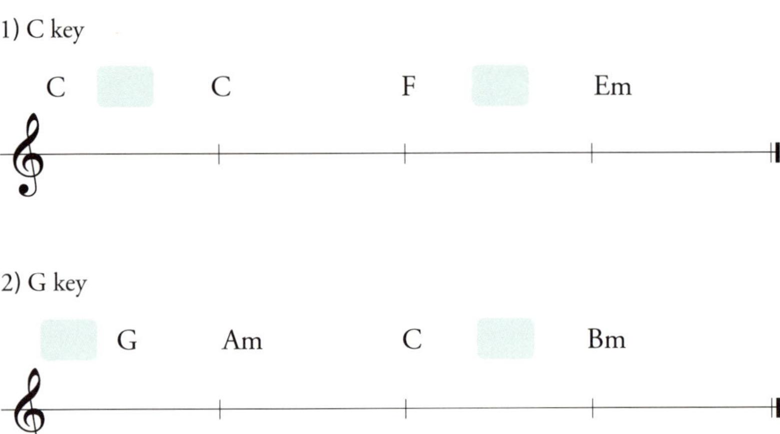

연습문제 14-1

1. 주어진 조건에 맞는 분수 코드를 골라 진행을 완성해 보세요.

1) D key 경과적

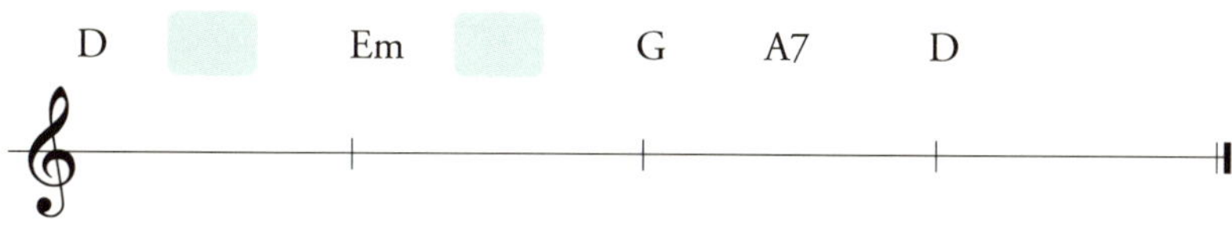

① B7/D♯, Dm/F ② B/D♯, C/E ③ B7/D♯, D/F♯ ④ B/D♯, F♯/D

2) F key 지속적, 경과적

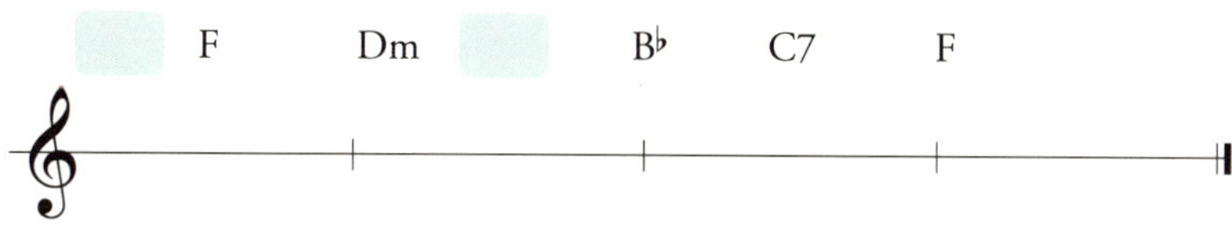

① A/F, F/C ② C/F, B♭/F ③ B♭/F, F/A ④ B♭/F, F/C

3) G key 지속적, 경과적

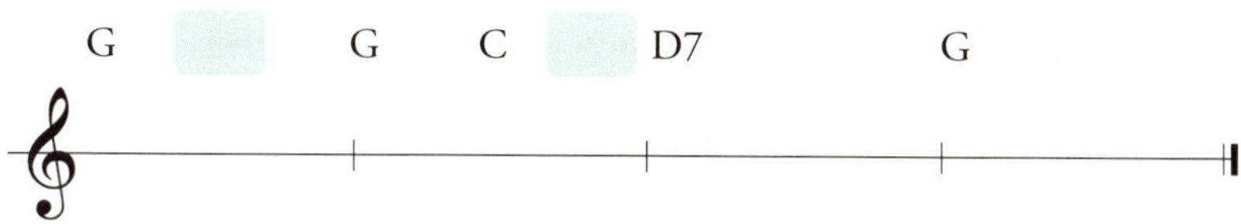

① C/G, A7/C♯ ② G/D, D/A ③ C/G, F♯m/C♯ ④ Em/G, Am/E

4) E♭ key 지속적, 경과적

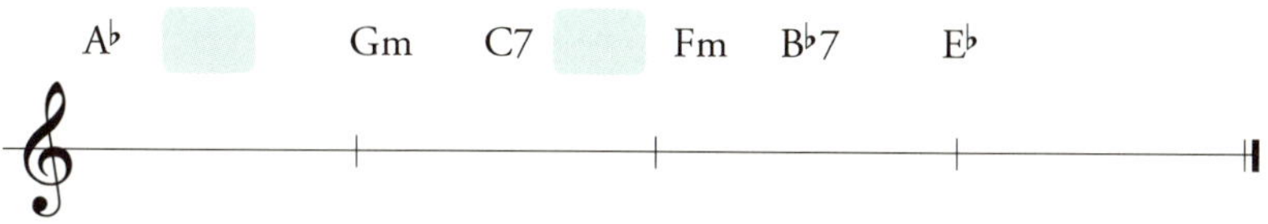

① A♭/B♭, C7/E ② B♭7/A♭, C7/E ③ A♭/B♭, E/G♯ ④ B♭/A♭, G/D

※ 분수 코드의 경과적 진행이 추가 된 애국가입니다. 팟캐스트 강의로 소리를 꼭 확인해 보세요.

※ 분수 코드의 지속적 진행이 추가 된 애국가입니다. 팟캐스트 강의로 소리를 꼭 확인해 보세요.

* 애국가 악보는 리하모니를 표현하기 위해 못갖춘마디로 편곡하였습니다.

unit 86 분수 코드로 만드는 음색 변화

코드 구성음의 변화 없이 분수 코드만으로도 원래의 코드와는 다른 음색을 만들 수 있습니다. 음색 변화의 대표적인 패턴을 알아보겠습니다.

1) IV on VI - V on VII

IV 다음에 V가 나올 때 두 코드 모두 1전위를 하면 새로운 분위기가 만들어 집니다.

C key

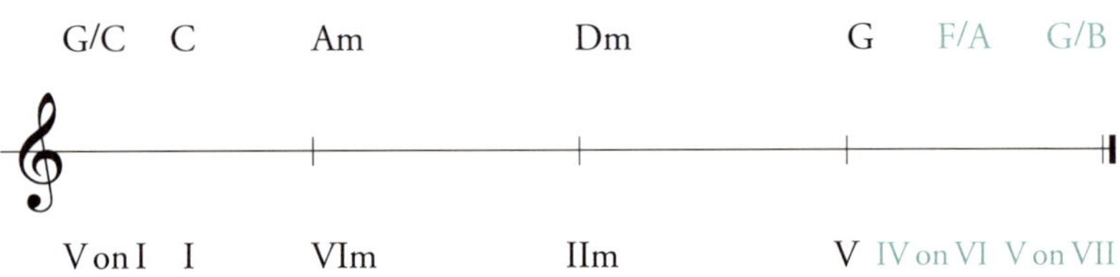

2) I on III

I의 1전위는 음색 변화를 위해 자주 사용되는 분수 코드입니다.

C key

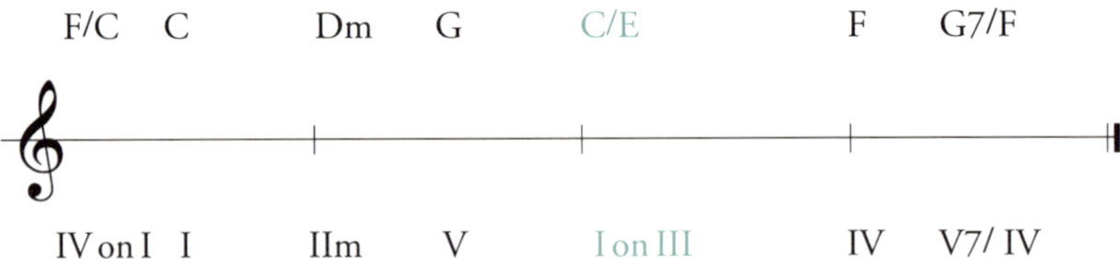

check **다음 빈칸에 음색 변화를 주는 분수 코드를 적어보세요.**

① C key

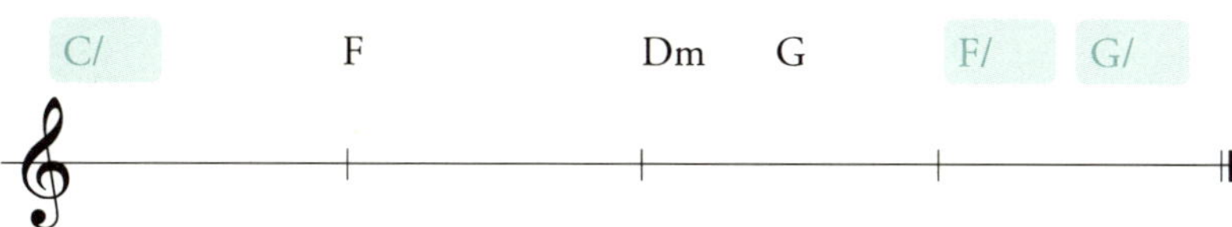

② G key

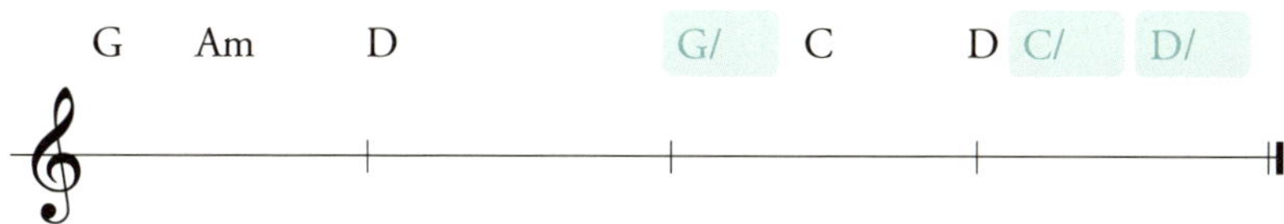

unit 87 V7도미넌트7의 변화

도미넌트7(V7)은 곡의 구성에서 아주 중요한 역할을 하는 코드입니다. 이 V7에 변화를 주면 도미넌트7의 느낌을 살리면서도 다채로운 색깔을 줄 수 있습니다. V7에 변화를 주는 가장 대표적인 방법은 V7을 분수 코드로 표현하는 것입니다.

1) IV on V

V의 7음은 4도의 근음과 항상 동일합니다. 그래서 IV코드에 V를 베이스 음으로 넣으면 V7의 역할을 하면서도 다른 음색을 표현 하는 코드를 만들 수 있습니다. IV on V는 강한 느낌을 주고 싶을 때나 곡의 후반부에 주로 사용됩니다.

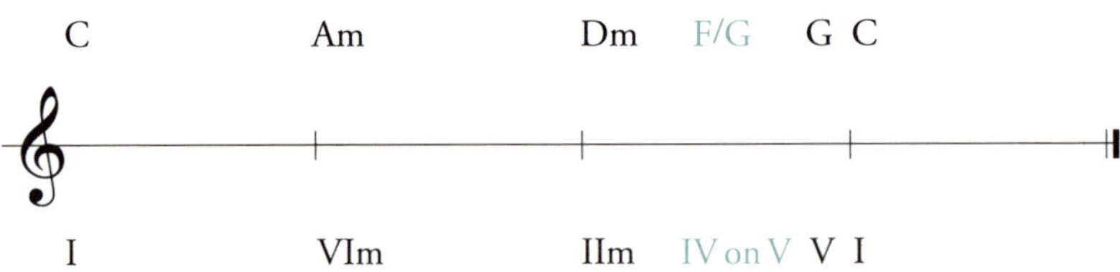

2) Vsus4

Vsus4도 V7의 변화로 많이 사용됩니다.
도미넌트7의 강한 성질은 보통 Vsus4 〈 V7 〈 IV on V 순서로 표현 됩니다.

① Vsus4

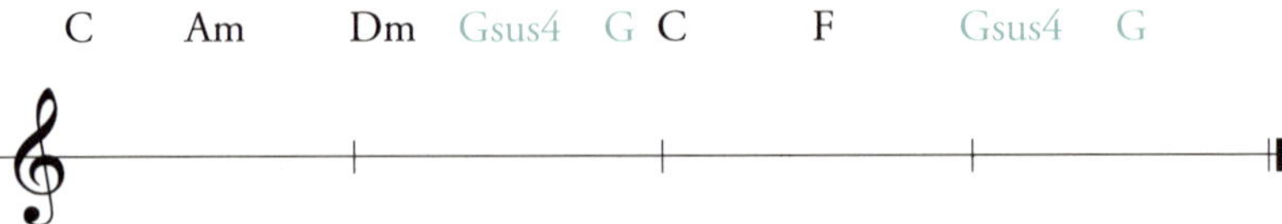

② V7

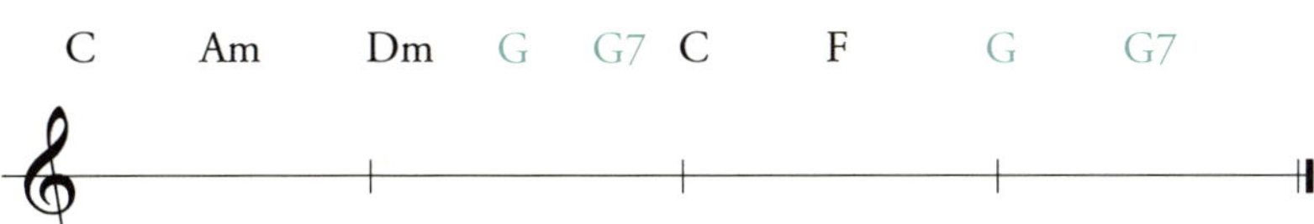

③ IV on V

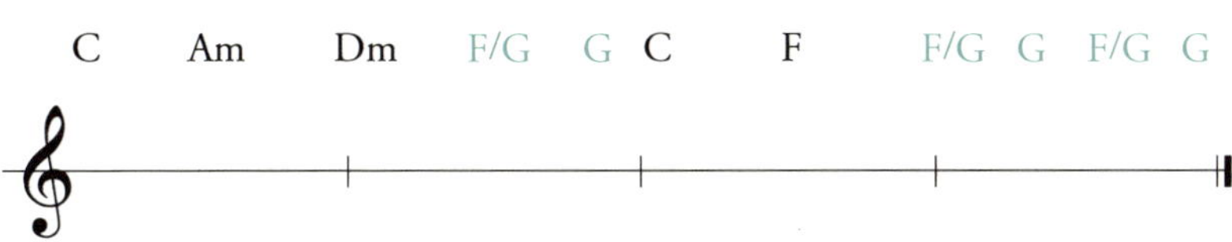

▶ *check* 다음 빈칸에 V7의 변화를 준 코드를 적어보세요.

1) C key

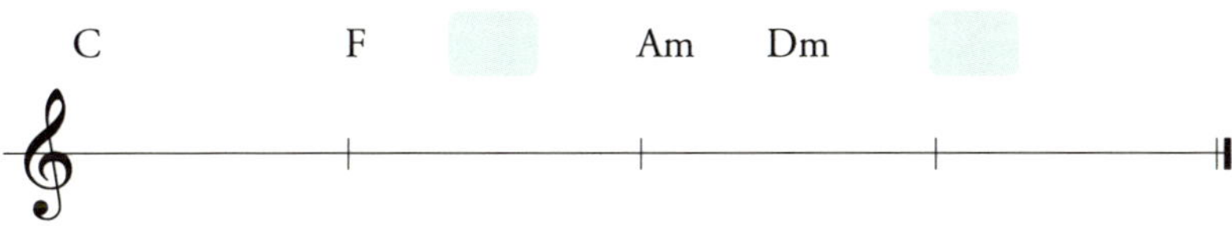

2) G key

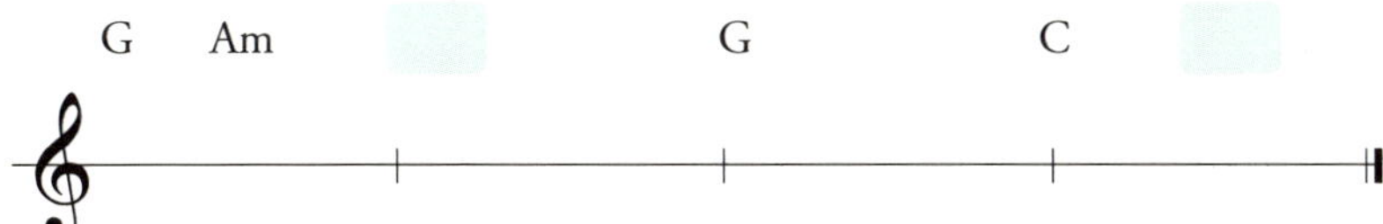

복습 sus4 코드는 메이저 코드의 3음 대신 반음 차이가 나는 4음을 넣은 코드입니다. unit14 참조

※ 분수 코드의 음색 변화가 추가 된 애국가입니다. 팟캐스트 강의로 소리를 꼭 확인해 보세요.

※ V7의 응용이 추가 된 애국가입니다. 팟캐스트 강의로 소리를 꼭 확인해 보세요.

* 애국가 악보는 리하모니를 표현하기 위해 못갖춘마디로 편곡하였습니다.

연습문제 14-2

1. 주어진 조건이 되도록 빈칸에 들어갈 알맞은 분수 코드를 고르세요.

1) A key 음색변화, V7응용

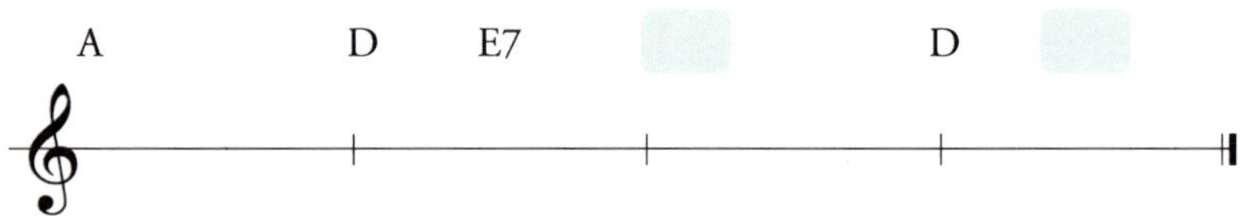

① A/C♯, E/D ② Am/C, D/E ③ A/C♯, D/E ④ A7/C♯, E/D

2) B♭ key 지속적, V7응용

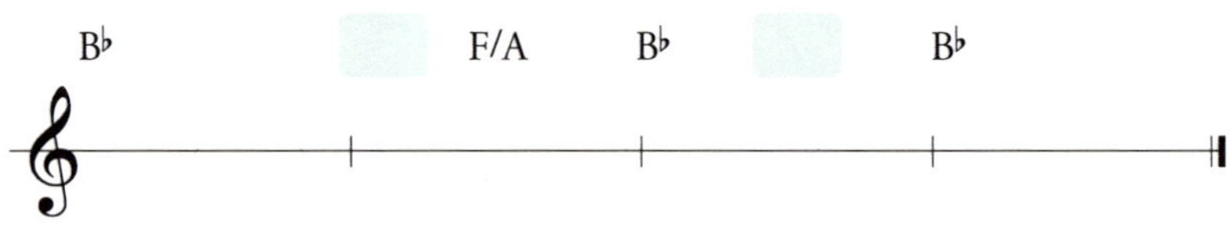

① E♭7/G, E♭/F ② G/B, E♭/F ③ F/C, E♭/F ④ E♭/B♭, E♭/F

3) G key 음색변화, V7응용

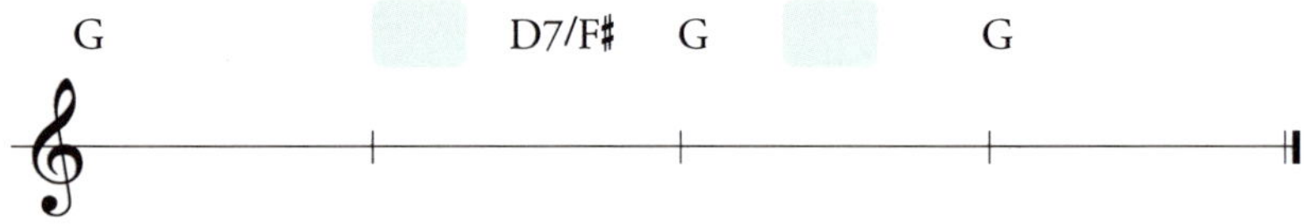

① CM7/E, C/E ② C/E, D/F♯ ③ CM7/E, C/D ④ D/E, C/D

4) E key 경과적, V7응용

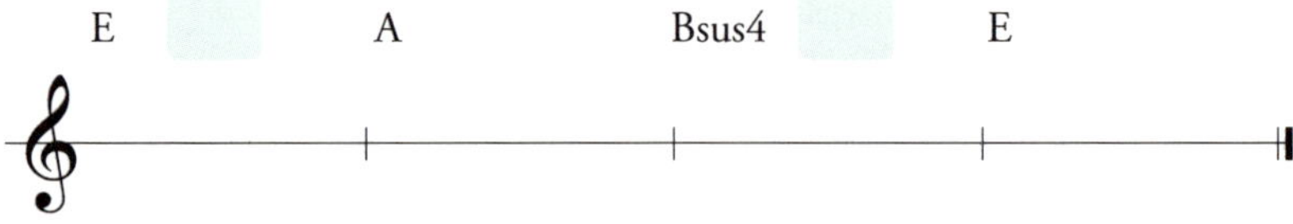

① E/G♯, A/B ② EM7/G♯, A7/B ③ E/G♯, C/E ④ E7/G♯, B/D♯

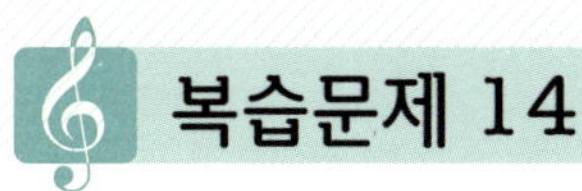

복습문제 14

1. 다음 코드 이름을 보고 악보를 그려보세요.

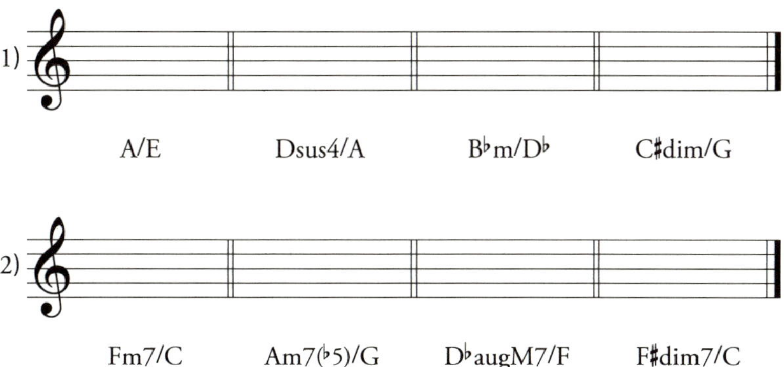

2. 다음 악보를 보고 코드 이름을 적어보세요.

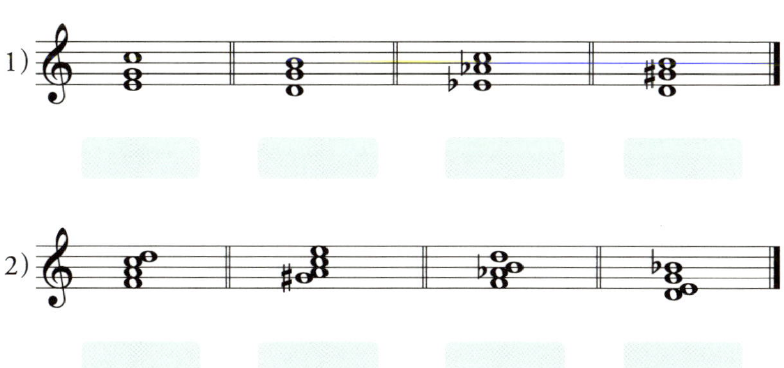

종합문제 14

1. 주어진 조건이 되도록, 빈칸에 들어갈 분수 코드를 고르세요.

1) D key 지속적, 경과적

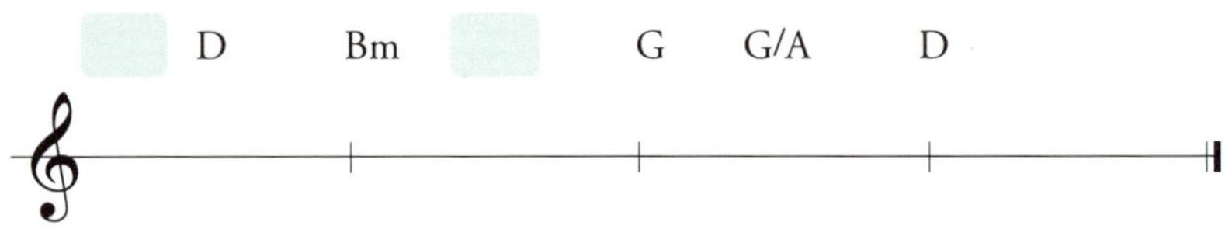

① G/D, Em/G ② Gm/D, D/F♯ ③ G7/D, DM7/A ④ G/D, D7/A

2) A♭ key 경과적, V7 응용

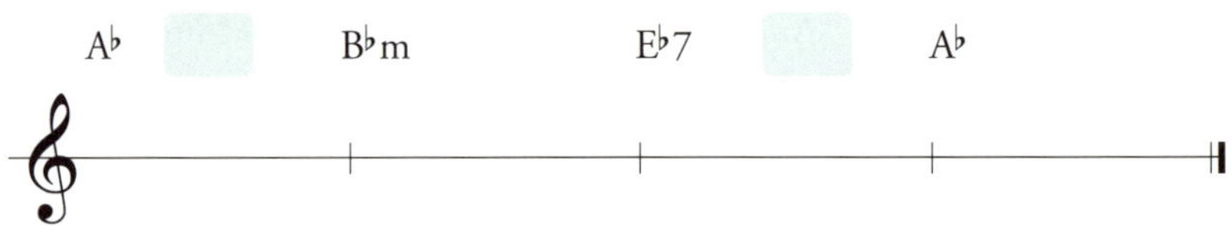

① FM7/A, D♭/E♭ ② F/A, D♭7/A♭ ③ F7/A, D♭/E♭ ④ FM7/A, E♭/D♭

3) F key 경과적, V7응용

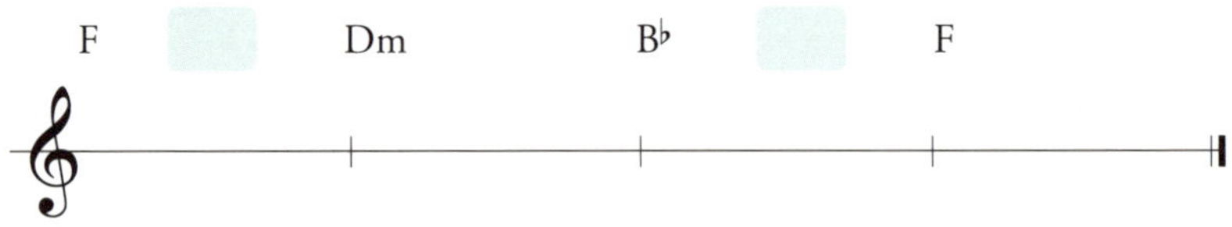

① CM7/E, B♭/F ② Am/C, C/D ③ C/E, C/D ④ C7/E, B♭/C

4) G key 지속적, 음색변화

① C/G, CM7/E ② G/C, E/C ③ C7/G, C/E ④ C/G, C7/E

2. 다음 멜로디를 보고 빈칸에 들어갈 알맞은 분수 코드를 고르세요.

1)

① E/B, C/G, F/G ② G/B, Am7/G, F/G ③ E/G♯, C/B, F/G

④ G/B, C7/G, G7/F

2)

① G7/F, Em/G ② GM7/F, AM/C ③ G7/F, F/G ④ G7/F, G/B

3)

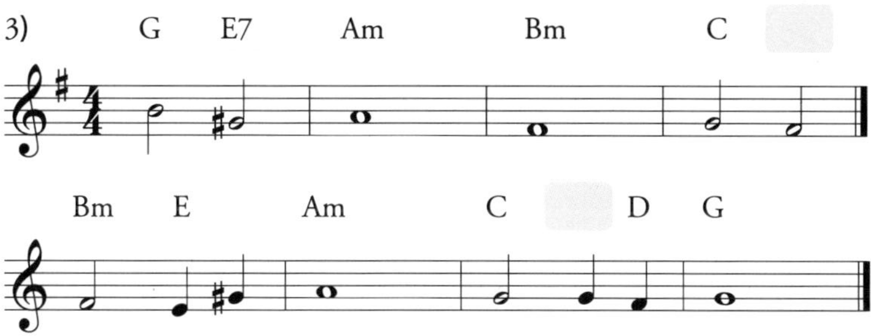

① D7/C, C/D ② C/D, DM7/C ③ C7/D, D/C ④ D/G, C7/E

15
비화성음

／

41-44강

unit 88 비화성음 화음 밖의 음

코드를 구성하는 음들을 화성음이라고 하고 그 외의 음을 비화성음화음 밖의 음이라고 합니다.

예를 들어, 온음계를 기준으로 C코드의 화성음은 '도, 미, 솔'이고, 비화성음은 '레, 파, 라, 시' 입니다. 7화음도 마찬가지로 Dm7의 화성음은 '레, 파, 라, 도'이고 비화성음은 '미, 솔, 시'입니다.

화성음만으로 이루어진 노래는 비화성음이 들어 있는 곡과 비교하면 단순한 느낌을 줍니다. 그래서 화성음 중심의 노래는 단순하면서 강한 편이고 비화성음이 포함된 노래는 변화감이 있고 부드러운 편입니다. 화성음과 비화성음의 비율은 음악의 장르에도 영향을 줍니다.

* 비화성음은 음표 위쪽으로 ×를 표시합니다.

비화성음은 노래 안에서 여러 역할을 합니다.

비화성음은 ① 경과음, ② 보조음, ③ 전타음, ④ 계류음, ⑤ 선행음, ⑥ 이탈음 6가지가 있습니다.

▶check 다음 악보에서 비화성음을 체크해 보세요.

① C

② Dm

unit 89 경과음 passing note

서로 다른 화성음 사이에 2도 간격으로 있는 비화성음을 경과음이라고 합니다. 경과음을 영어로는 passing note라고 하는데 '지나가는 음'이라는 의미입니다.

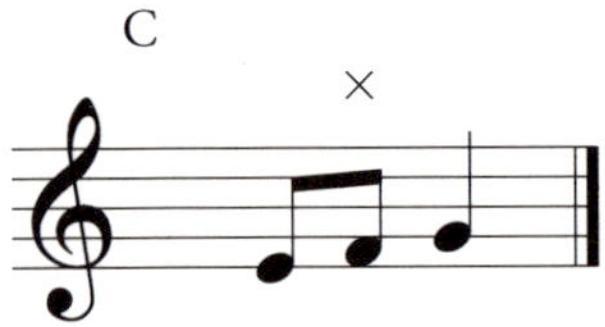

경과음은 화성음 사이를 자연스럽게 연결해 주기 때문에 멜로디를 부드럽게 만들어 줍니다.

위의 3째 마디에서 '솔-도' 사이에 있는 '라-시'도 경과음의 기능을 합니다. 비화성음이 2도 간격으로 2번 나왔기 때문에 2중 경과라고 말합니다.

7코드의 경우 7음도 화성음임을 주의해서 경과음을 체크해야 합니다.

서로 다른 코드의 화성음 사이에 2도 간격으로 있는 비화성음도 경과음으로 생각합니다.

▶ *check* **다음 악보에서 경과음을 체크해 보세요.**

unit 90 보조음 auxiliary tone

서로 같은 화성음 사이에 2도 간격으로 있는 비화성음을 보조음도움음이라고 합니다. 영어로는 auxiliary tone이라고 합니다.

보조음은 멜로디를 꾸며 주는 역할을 합니다.

7코드의 경우, 7음도 화성음임을 주의해서 보조음을 체크해야 합니다.

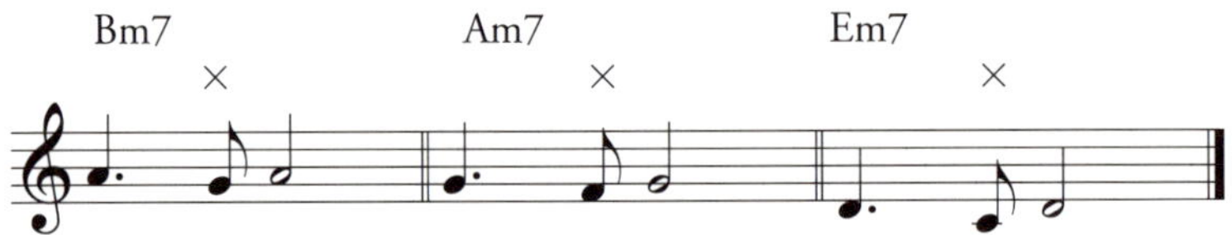

서로 다른 코드의 화성음 사이에 2도 간격으로 있는 비화성음도 보조음이 됩니다. 화성음은 코드는 다르지만 동일음이어야 합니다.

* 보조음은 이웃음neighboring tone 이라고도 합니다.

▶ *check* **다음 악보에서 보조음을 체크해 보세요.**

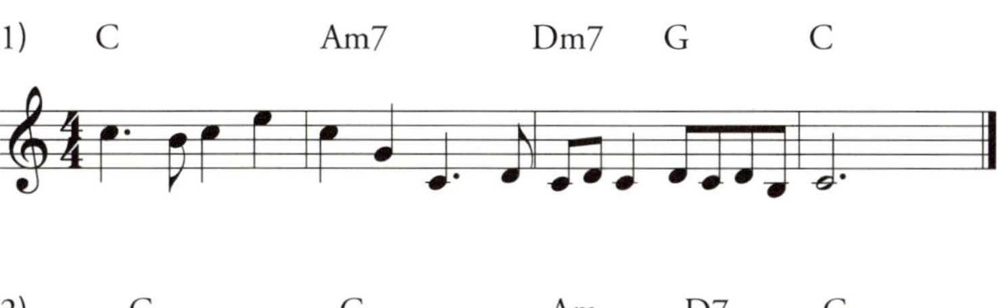

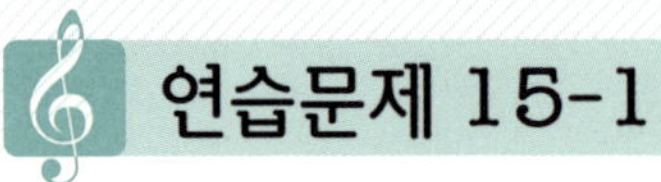

연습문제 15-1

1. 빈칸에 알맞은 비화성음의 이름을 적어보세요.

1) ______ 음은 서로 다른 화성음 사이에 2도 간격으로 있는 음입니다.

2) ______ 음은 서로 같은 화성음 사이에 2도 간격으로 있는 음입니다.

2. 다음 곡에서 비화성음을 찾고 표시하세요. 경과음은 : p / 보조음은 : aux

3. 다음 비화성음을 고려하여 빈칸에 들어갈 알맞은 코드를 고르세요.

1)

① C, FM7 ② C, F7 ③ Am, Dm7 ④ Em, Dm7

2)

① A, D7 ② F, B♭ ③ Am7, Dm7 ④ Am, D7

unit 91 전타음 appoggiatura note

화성음 앞에 2도 간격으로 먼저 나오는 비화성음을 전타음이라고 합니다. 다른 말로는 이탈리아어인 appoggiatura[아포자투라], 또는 앞꾸밈음이라고도 부릅니다. 전타음은 멜로디를 감각적으로 만들어 줍니다.

7코드의 경우, 7음도 화성음임을 주의해서 전타음을 체크해야 합니다.

▶ check 다음 악보에서 전타음을 체크해 보세요.

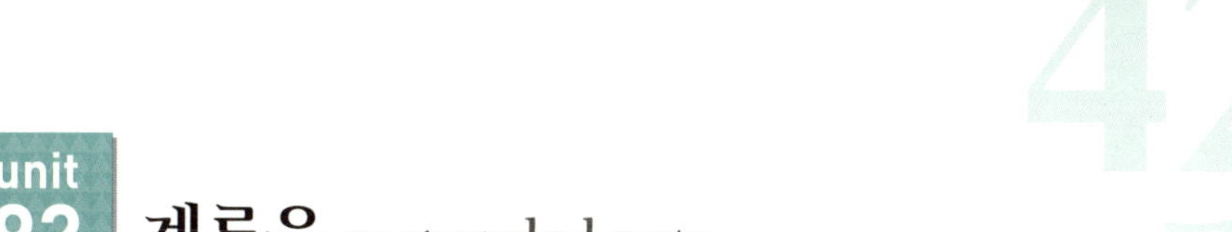

unit 92 계류음 suspended note

'계류'란 '해결되지 않고 걸려 있다는 뜻'입니다. 음악에서 계류음이란 앞에 있는 코드 화성음이 뒤에 코드까지 이어지면서 뒤 코드의 비화성음이 될 때를 말합니다. 영어로는 suspended note이고, 걸림음이라고도 합니다.

계류음은 전타음과 비슷하지만 전타음은 한 코드 안에서의 비화성음인 반면 계류음은 두 코드 안에서 생각해야 합니다.

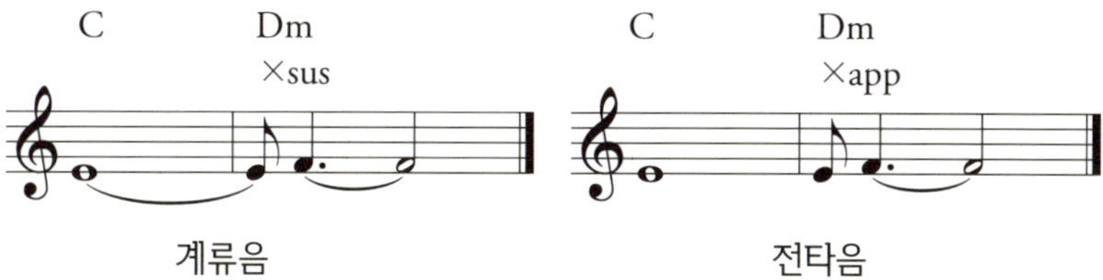

7코드의 경우, 7음도 화성음임을 주의해서 계류음을 체크해야 합니다.

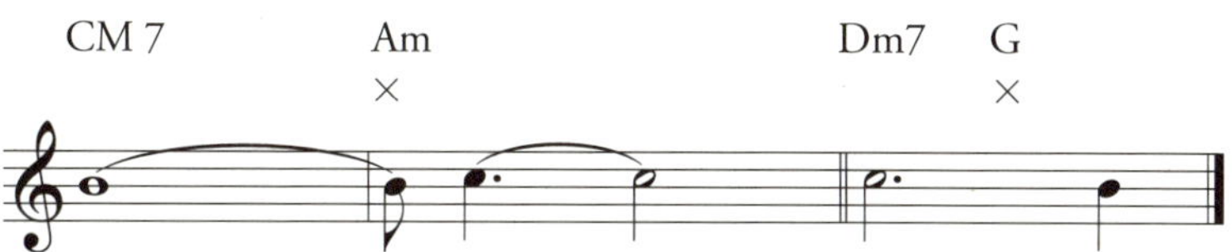

▶check 다음 악보에서 계류음을 체크해 보세요.

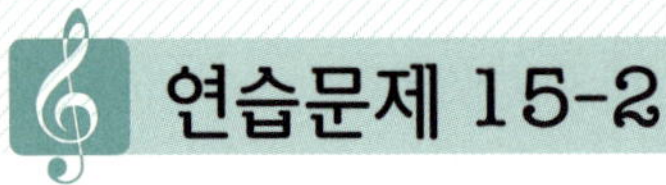

연습문제 15-2

1. 빈칸에 알맞은 비화성음의 이름을 적어보세요.

1) ________ 음은 화성음 앞에 2도 간격으로 먼저 나오는 비화성음입니다.
2) 앞에 있는 코드 화성음이 뒤에 코드까지 이어지면서 뒤 코드의 비화성음이 될 때 ________ 음 이라고 합니다.

2. 다음 악보에서 비화성음을 찾아 체크해 보세요. 전타음 : app, 계류음 :sus

1) CM7 G/B Am7 C/G F G7 C

2) C Fm/C C C7 F G7 C

3. 다음 비화성음이 포함된 곡을 보고 빈칸에 들어갈 알맞은 코드를 고르세요.

1)

① FM7, Em7　② F, Em7(♭5)　③ Fm, Em7(♭5)　④ C, Em7(♭5)

2)

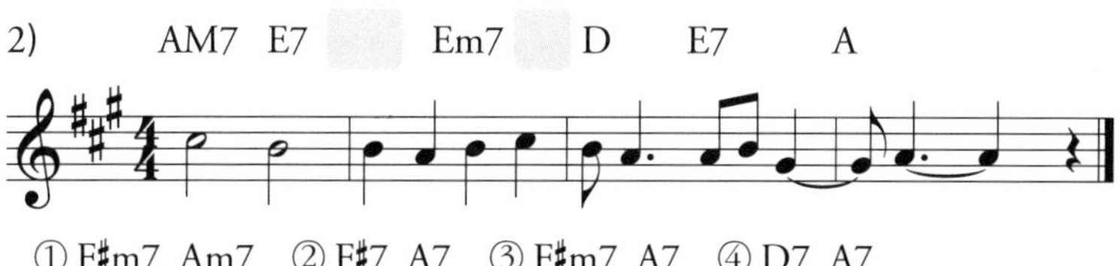

① F♯m7, Am7　② F♯7, A7　③ F♯m7, A7　④ D7, A7

unit 93 선행음 anticipation note

뒤 코드의 화성음이 앞 코드에서 먼저 나오는 비화성음이 될 때 이것을 선행음이라고 합니다. 영어로는 anticipation note이고, 앞선음이라고도 합니다.

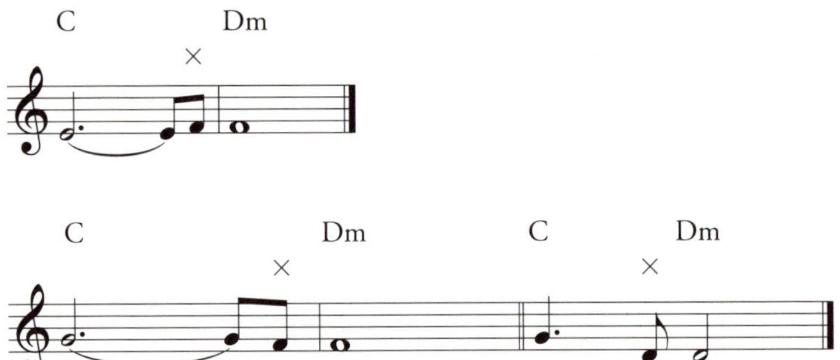

계류음은 앞 코드의 화성음이 뒤 코드의 비화성음이 되는 반면 선행음은 뒤 코드의 화성음이 앞 코드의 비화성음이 되는 것입니다.

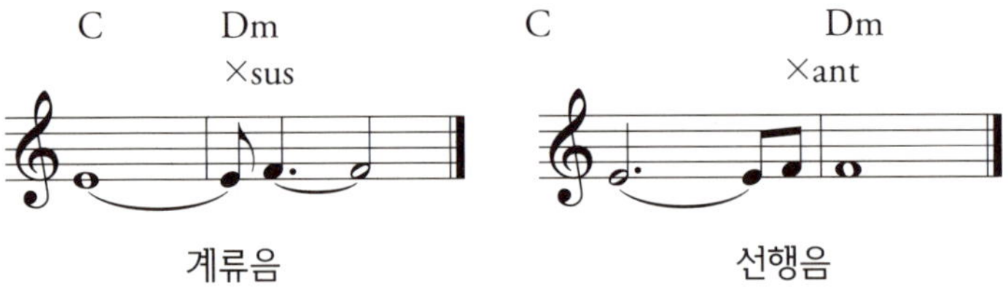

7코드의 경우, 7음도 화성음임을 주의해서 선행음을 체크해야 합니다.

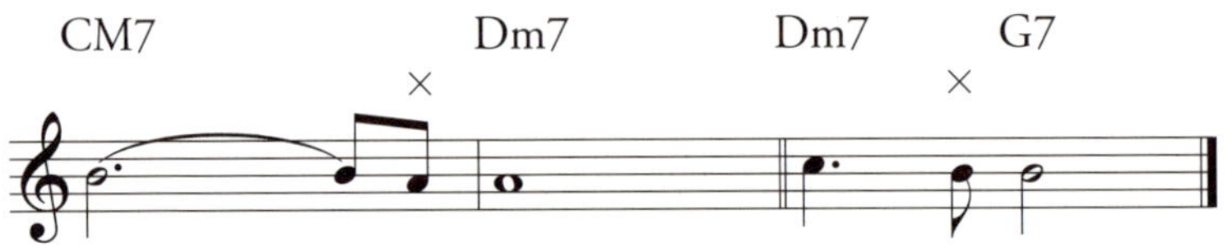

check 다음 악보에서 선행음을 체크해 보세요.

unit 94

이탈음 escape tone

1) 경과와 도약

멜로디 음이 2도 씩 진행 될 경우 경과라고 부르고, 2도를 넘어 3도 이상이 될 때는 도약이라고 합니다.

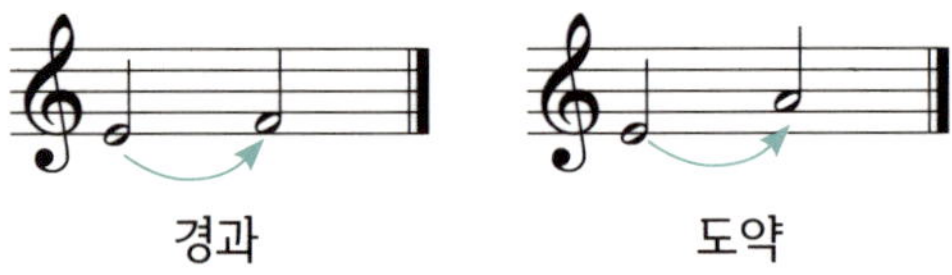

2) 이탈음

두 화성음 사이의 비화성음이 한 음과는 경과 진행을 하고 다른 음과는 도약 진행을 하는 경우, 이것을 이탈음이라고 부릅니다. 순서는 상관 없습니다.

7코드의 경우 7음도 화성음임을 주의해서 이탈음을 체크해야 합니다.

두 코드 사이의 비화성음이 경과와 도약의 진행을 갖춘 경우도 이탈음이 됩니다.

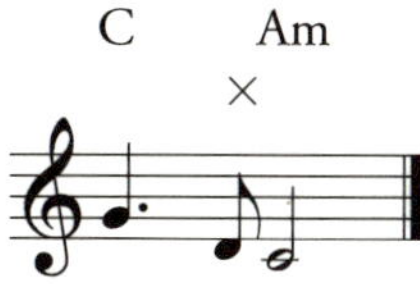

화성음 사이에서 경과 없이 도약만 있을 경우는 이탈음이라고 하지 않습니다.

▶ *check* **다음 악보에서 이탈음을 체크해 보세요.**

unit 95 비화성음의 활용

작곡이나 편곡을 할 때 비화성음은 다양하게 활용됩니다. 이번 unit에서는 비화성음을 활용할 수 있는 2가지 상황을 알아보겠습니다.

*비화성음을 활용하는 방법은 여러 가지가 있으며 책에서 소개하는 내용이 절대적 기준은 아님을 알려드립니다.

1) 멜로디를 보고 코드 진행을 완성할 때

① 멜로디에서 비화성음을 체크합니다.

② 멜로디 위로 화성음에 해당하는 3화음을 적어줍니다.

③ 비화성음을 고려하여 3화음을 7th, 텐션, 분수 코드 등으로 확장합니다.

2) 기본 코드 진행 후 멜로디를 만들 때

① 만들어진 기본 코드 진행에 화성음으로 된 멜로디를 적습니다.

② 비화성음을 추가하면서 멜로디에 변화를 줍니다.

③ 비화성음을 고려하여 3화음을 7th, 텐션, 분수 코드 등으로 확장합니다.

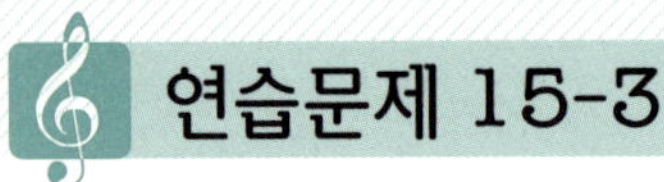

연습문제 15-3

1. 빈칸에 알맞은 비화성음의 이름을 적어보세요.

1) ______ 음은 뒤에 코드의 화성음이 앞 코드에서 먼저 나오는 비화성음입니다.

2) ______ 음은 두 화성음 사이에서 한 음과는 경과 진행을 하고 다른 음과는 도약 진행을 하는 비화성음입니다.

2. 다음 곡에서 비화성음을 찾고 표시하시오 선행음 : ant, 이탈음 : esc

1) C Fm/C C C7 F G7 C

2) FM7 G7/F Em7 A7 Dm7 G7 C

3. 다음 비화성음을 고려하여 빈칸에 알맞은 코드를 고르세요.

1)

① E7, Gm7 ② G/B, Gm7(♭5) ③ E7, Gm7(♭5) ④ G7/B, E7

2)

① G7, E♭M7 ② Cm7, E♭ ③ Gm7, E♭7 ④ Gm7, E♭

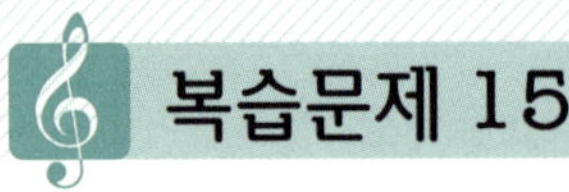

복습문제 15

1. 주어진 텐션코드를 그려보세요.

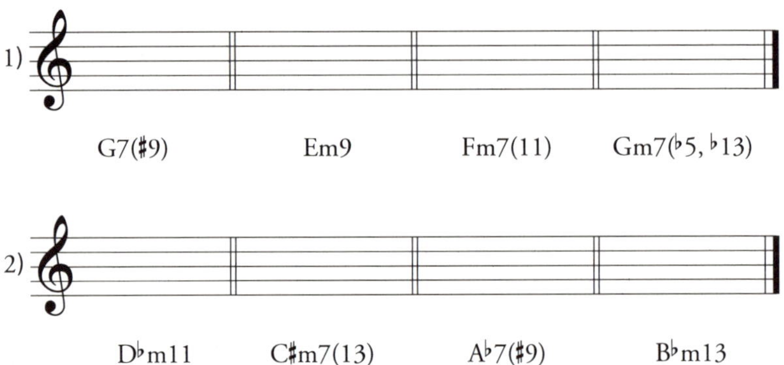

2. 다음 악보를 보고 코드 이름을 적어보세요.

종합문제 15

1. 다음 악보에서 비화성음을 찾아 표시하세요.

2. 다음 비화성음을 고려하여 빈칸에 들어갈 알맞은 코드를 고르세요.

3. 다음 코드 사이로 주어진 비화성음을 넣어보세요.

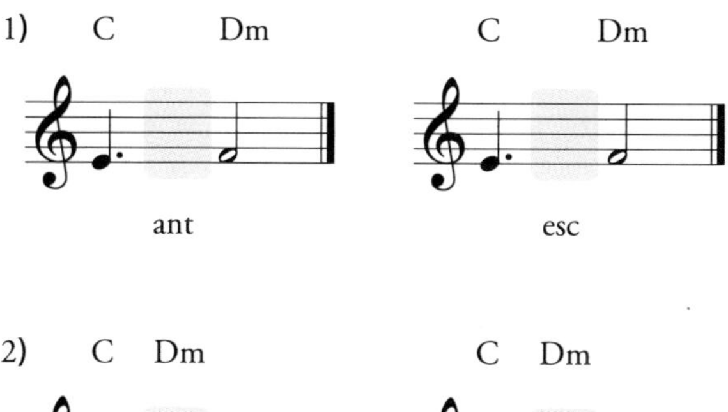

4. 주어진 비화성음이 되도록 빈칸에 알맞은 화성음을 넣어보세요.

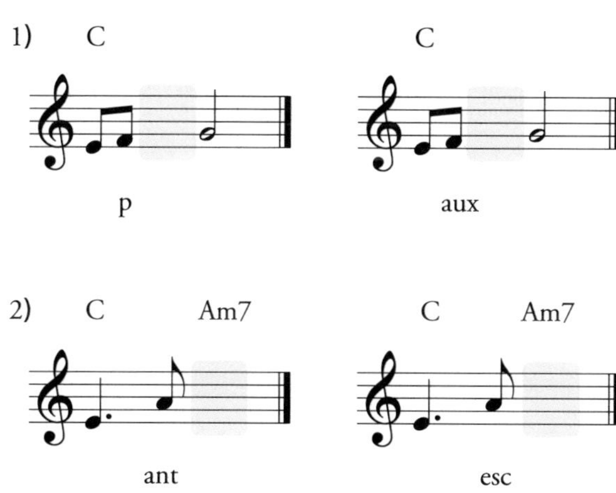

16

알아두면 좋은 이론 용어와 원리

／

45강

unit 96 대리 코드

성질이 비슷해서 대신 사용할 수 있는 코드를 대리 코드라고 합니다. 코드의 성질은 구성음의 조합으로 만들어 지기 때문에 대리 코드끼리는 서로 비슷한 구성음을 가지고 있습니다.

대리 코드를 사용하는 이유는 곡에 변화를 주기 위해서 입니다.
예를 들어, 주요 3화음은 모두 온음계에 있는 구성음으로 만들어 졌습니다.

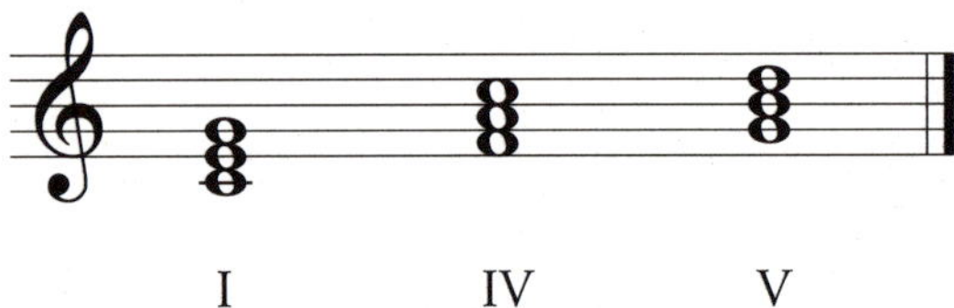

즉, 주요 3화음만으로 코드 진행을 하면 온음계적인 분위기만 표현할 수 있습니다. 이럴 때 대리 코드를 쓰면 작곡가의 의도에서 벗어나지 않으면서도 다른 분위기의 진행을 할 수 있게 됩니다.

주요 3화음의 대리 코드들은 다음과 같습니다.

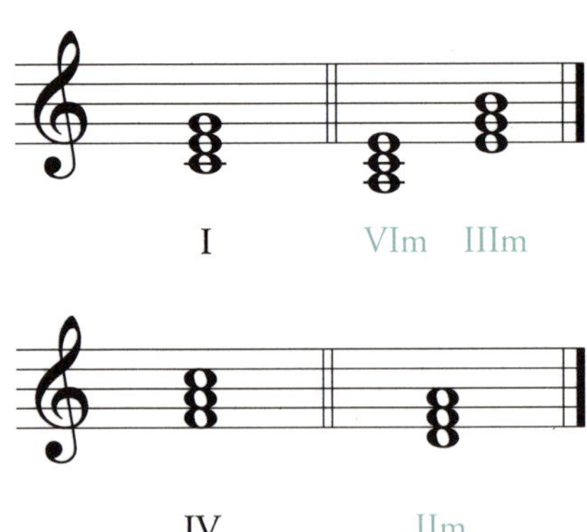

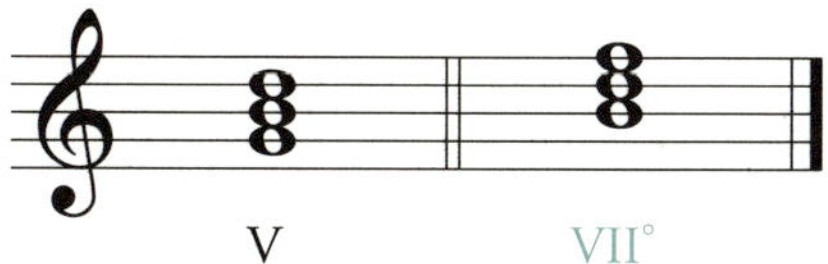

세컨더리 도미넌트 7th도 대리 코드로 바꿀 수 있습니다.
세컨더리 도미넌트 7th의 대리 코드는 세컨더리 도미넌트의 근음에서 증4도 아래 음으로 시작 하는 7화음입니다.

이 증4도 아래의 7화음을 세컨더리 도미넌트 7th의 대리 코드로 쓸 수 있는 이유는 도미넌트 7th의 3, 7음이 코드 구성음에 있기 때문입니다.
특별히 세컨더리 도미넌트의 대리 코드를 subV라고 합니다.

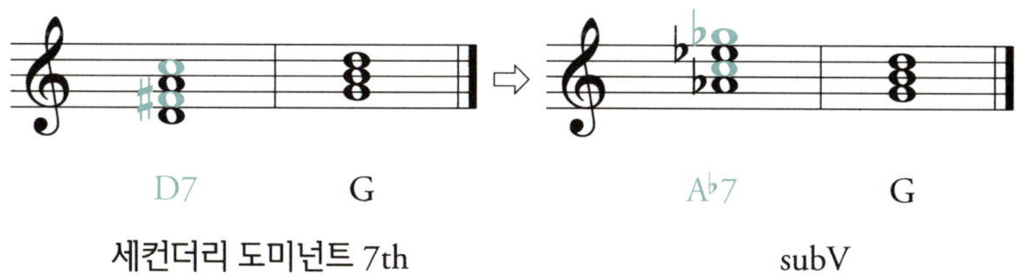

check 다음 괄호 안의 코드를 대리 코드로 바꿔 보세요.

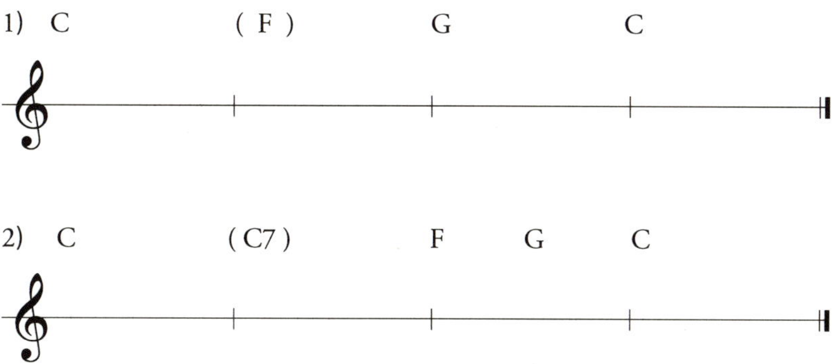

unit 97 보이스 리딩

음들은 진행 방향이 있습니다. '솔#'은 '라'로 가려고 하고 같은 음이지만 '라♭'은 '솔'로 가려고 합니다.

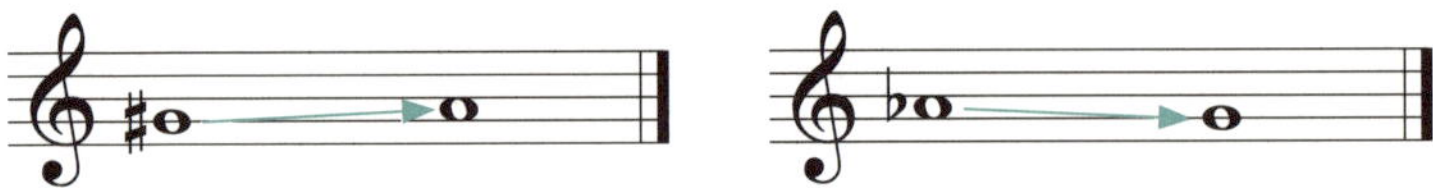

또, 온음보다는 반음 떨어져 있는 음으로 가려고 합니다.

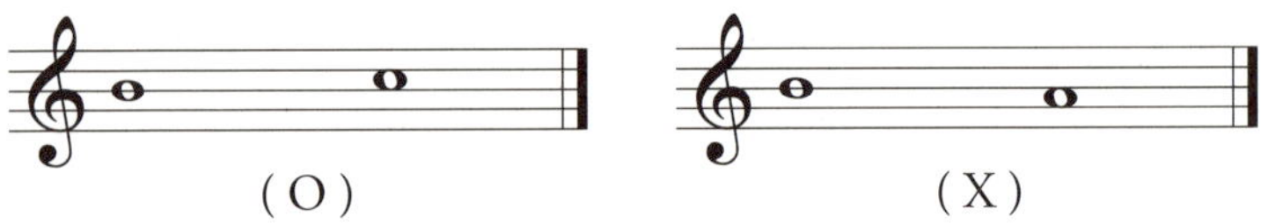

또, 7음은 2도 아래로 가려고 합니다.

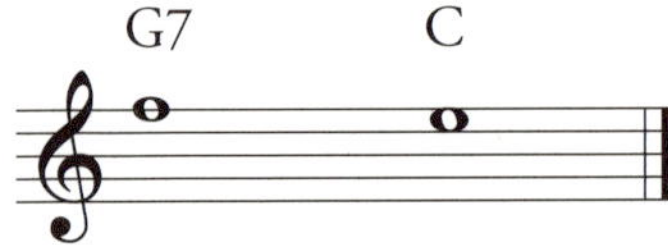

같은 음일때는 머무르려고 합니다.

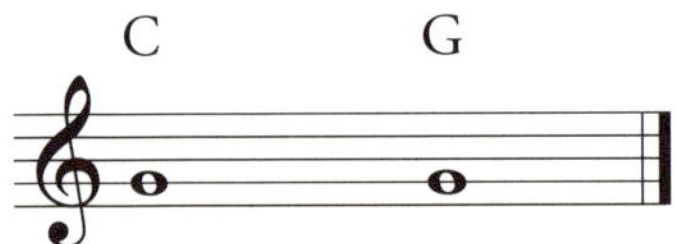

코드 진행 시 처음 주어진 코드를 기준으로 음의 진행 성질에 맞게 코드의 구성음을 배치하는 것은 보이스 리딩이라고 합니다.

예를 들어, 아래와 같은 진행에 보이스 리딩을 하면 처음 주어진 Dm7 구성음의 위치에 따라 다음에 나오는 코드 음들의 위치도 영향을 받게 됩니다.

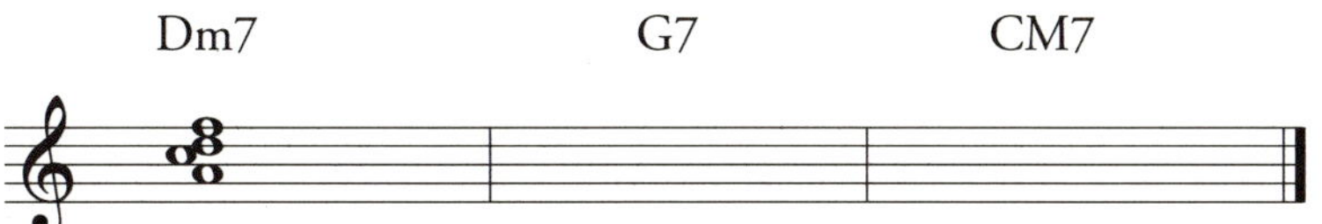

Dm7 코드 음들의 진행 방향을 고려하면 G7 코드 음들은 아래와 같은 위치가 되고

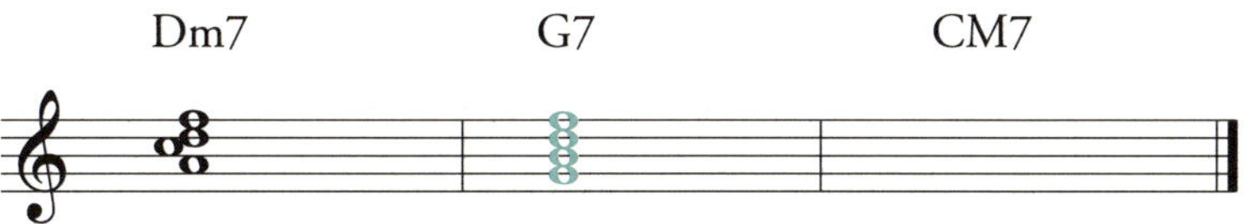

G7 코드 음의 영향으로 CM7 코드의 음들은 아래와 같은 위치가 됩니다.

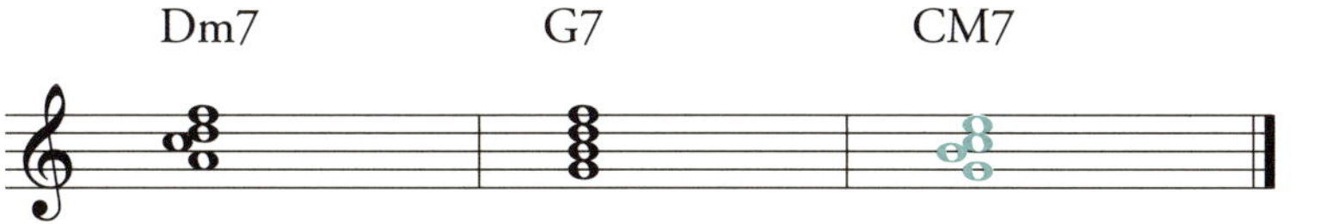

check 다음을 보이스 리딩하세요.

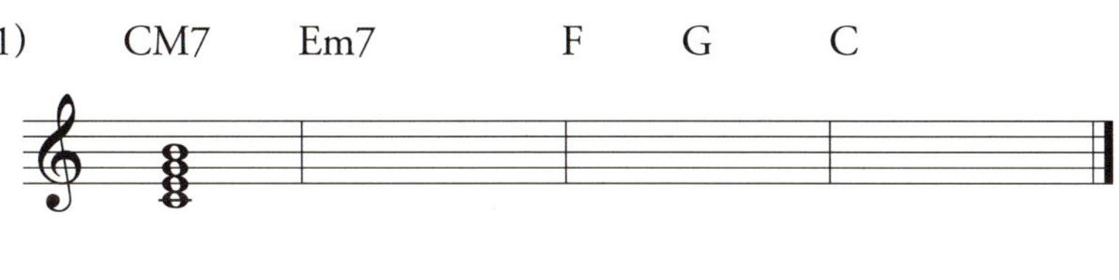

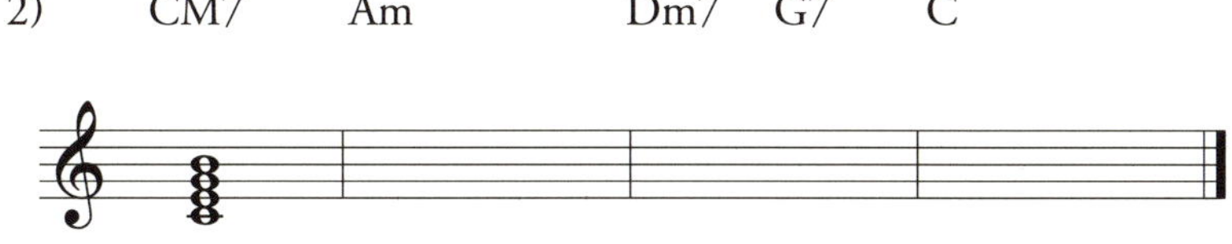

unit 98 밀집 위치, 개리 위치

코드의 구성음을 악보에 적을 때 4성부소프라노, 앨토, 테너, 베이스 중에서 베이스를 제외한 상3성소프라노, 앨토, 테너이 한옥타브 안에 들어오도록 하는 것을 밀집 위치라고 하고 한 옥타브를 벗어나는 것을 개리 위치라고 합니다.

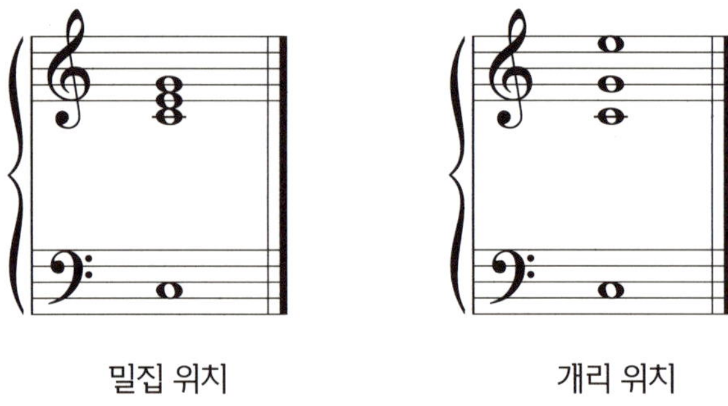

밀집 위치　　　　개리 위치

check 1 다음 코드 진행을 밀집 위치로 표현하세요

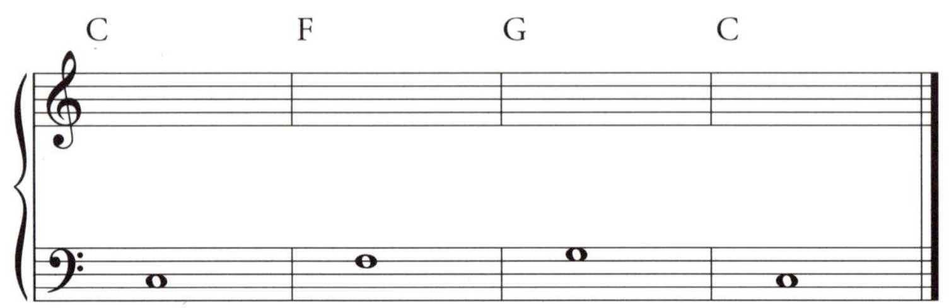

* 코드를 밀집 화성으로 표현 하라는 말은 코드 구성음을 분산 시키지 말고 그리라는 의미입니다.

check 2

1) 주어진 코드가 되도록 음을 아래로 추가한 밀집 화성을 그려보세요.

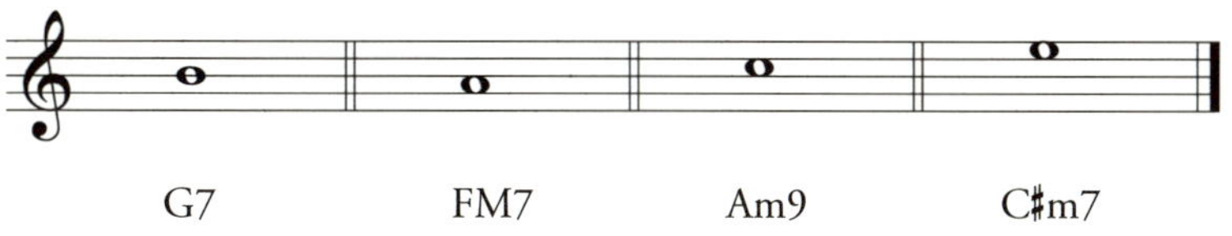

2) 주어진 코드가 되도록 음을 위로 추가한 밀집 화성을 그려보세요.

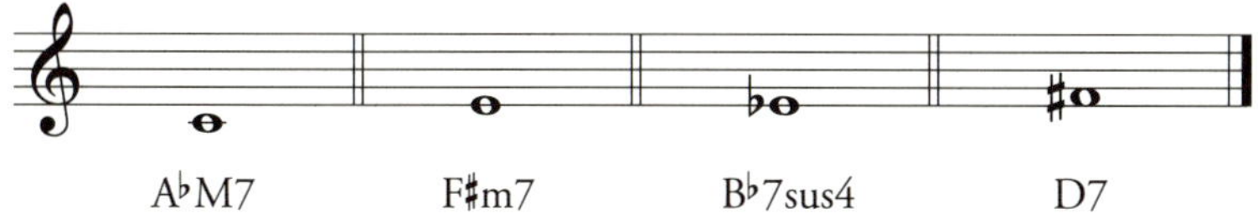

unit 99 기본적인 종지 곡의 마침

1) 정격종지

곡이 마무리 될 때 나오는 진행을 종지라고 합니다.
가장 많이 쓰는 종지는 V-I진행으로 정격종지라고 부릅니다.

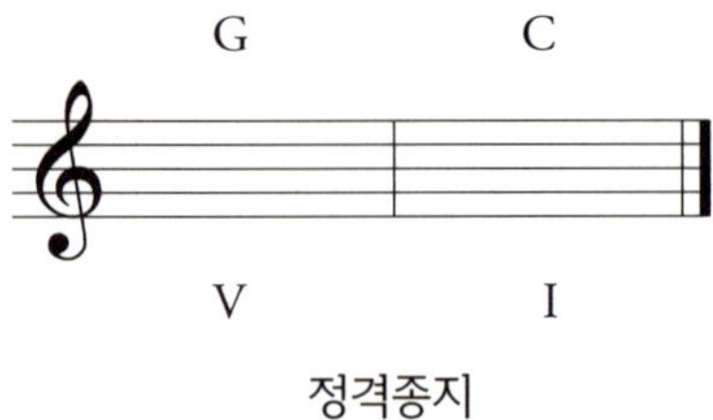

정격종지

정격종지는 마지막 음이 으뜸음으로 마치느냐에 따라서 완전 정격종지, 불완전 정격종지로 나누어집니다.

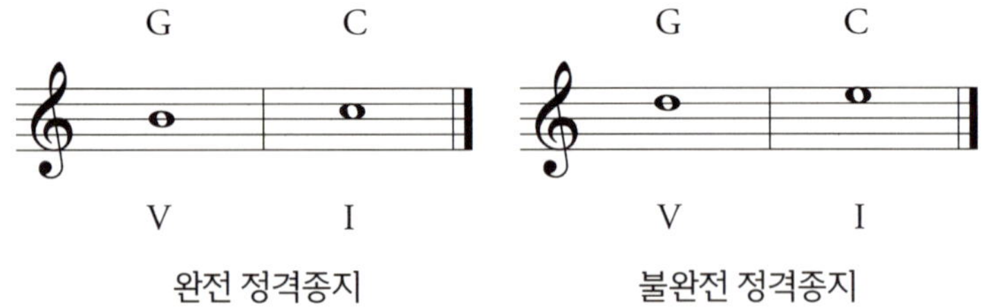

완전 정격종지 불완전 정격종지

2) 변격종지

곡의 마무리 진행에서 I앞으로 IV가 올 때도 있는데 이 마침은 변격종지라고 부릅니다.

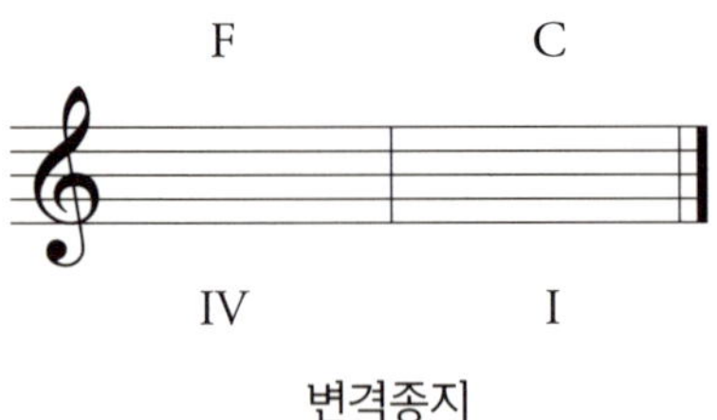

변격종지

3) 위장 종지

곡의 마침을 I가 아니라 대리 코드인 VIm로 끝내는 경우가 있습니다. 이런 종지를 위장종지라고 합니다.

위장종지

▶check 다음 곡 마침의 이름을 적어보세요.

1) A key

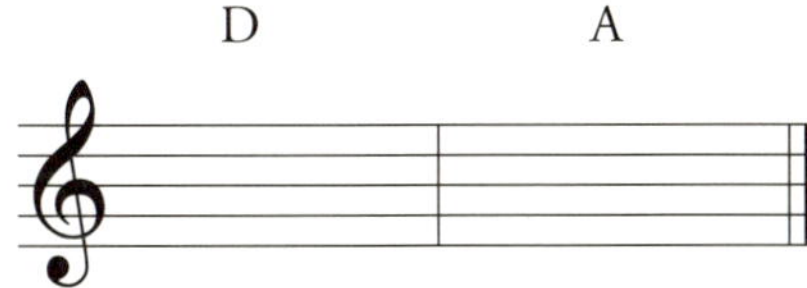

2) E♭ key

unit 100 리하모니제이션 이란?

리하모니제이션은 노래의 처음 정해진 코드를 다른 코드로 바꾸는 코드 편곡을 말합니다. 원곡의 코드가 다이아토닉 3화음만으로 되어 있다면 조금은 단순한 느낌이 들 수 있습니다. 이 때 7화음, 텐션코드, 넌 다이아토닉 코드, 분수 코드 등으로 곡의 변화를 줄 수 있습니다.

기초적인 리하모니제이션의 방법은 다음과 같습니다.

① 멜로디에 어울리는 다른 코드가 있는 경우

② 비화성음을 다르게 볼 경우

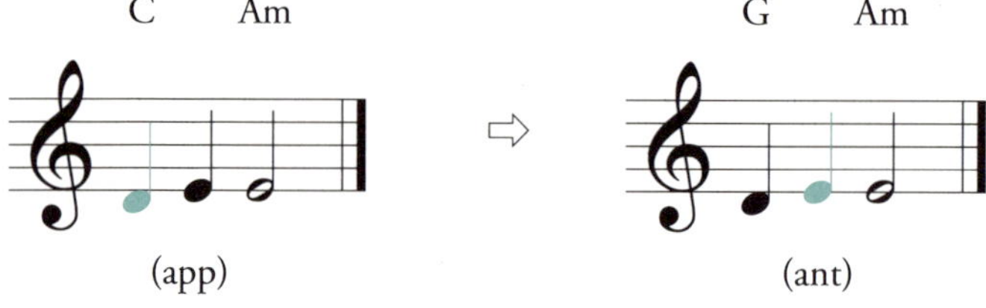

③ 코드의 수에 변화를 주는 경우

이 외에도 리하모니제이션의 방법은 여러 가지가 있습니다.

연습문제 16

1. 다음 괄호 안 코드의 대리 코드를 적어보세요

1) C key

 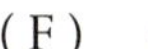 

C (F) (D7) G7 C

2) G key

C (B7) Em (C) D7 G

2. 다음을 보이스 리딩 하세요.

FM7 Dm7 G7 CM7

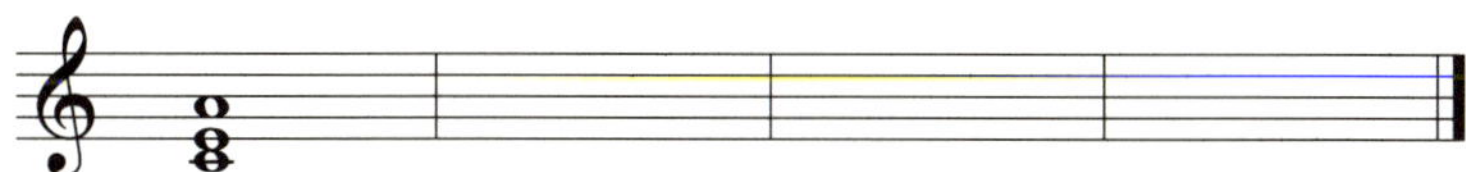

3. 변격종지로 끝나도록 괄호 안에 알맞은 코드를 넣어보세요

C key

C Am ( ) C

답안

9. 모드의 기초

unit 53 |

check 1
① D Ionian, ② E Dorian, ③ F♯ Phrygian, ④ G Lydian, ⑤ A Mixolydian,
⑥ B Aeolian, ⑦ C♯ Locrian

check 2 ④ G Major key

check 3
1. 장 장 단 장 장 장 단
2. 장 장 장 단 장 장 단

연습문제 9-1

1. ① Ionian, ② Dorian, ③ Phrygian, ④ Lydian, ⑤ Mixolydian, ⑥ Aeolian, ⑦ Locrian
2. ② A Major key
3. ③ E♭ Major key
4. 단 장 장 장 단 장 장
5. 단 장 장 단 장 장 장

unit 54 |

check 1

1) 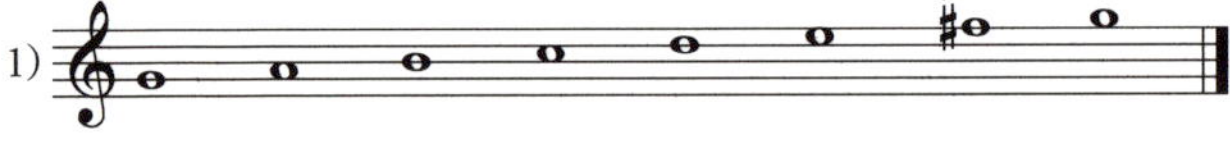

2) 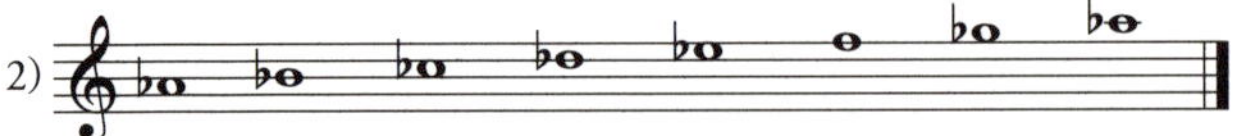

3) 

check 2

1) 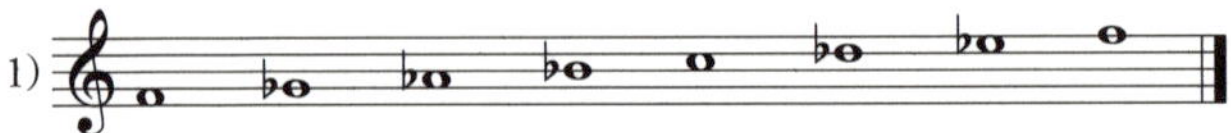

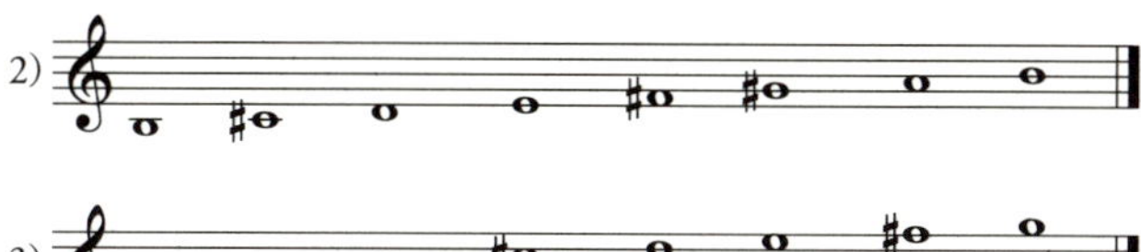

unit 55 |

check 1

① A Phrygian
② E Aeolian
③ G♯ Locrian

check 2

① F Phrygian
② B Dorian
③ G Lydian

연습문제 9-2

1.

2.

1) G Dorian
2) G♭ Lydian
3) E Mixolydian
4) B♭ Aeolian

복습문제 9

1. 완전5도, 단7도, 단3도, 장2도

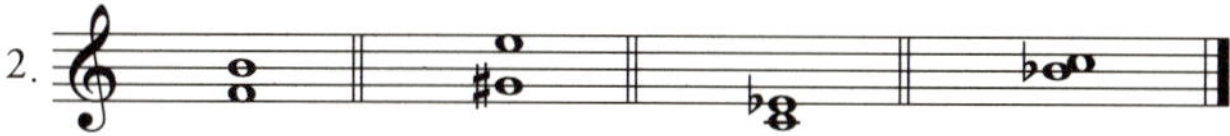

3. B♭, A, E♭, D

4. 

종합문제 9

1. Dorian, Mixolydian
2. E Major scale
3. F Major scale
4. 단-장-장-단-장-장-장
5. 장-장-단-장-장-장-단

6.

1) 

2) 

3) 

4) 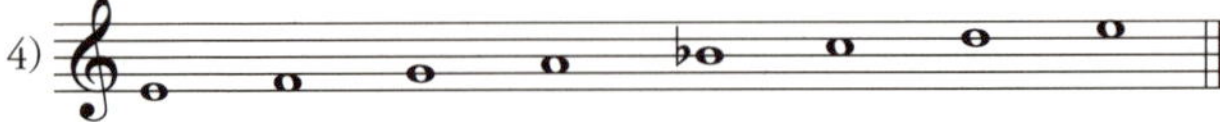

7.

1) B♭ Phrygian
2) E♭ Mixolydian
3) F♯ Locrian
4) G Aeolian

10. 그 밖의 스케일

unit 56 |

▶ *check 1*

① Jazz minor ② Dorian ♭9 ③ Lydian augmented ④ Lydian ♭7
⑤ Mixolydian ♭13 ⑥ Locrian ♯2 ⑦ Altered

▶ *check 2* ① F Jazz mionor

check 3

1) 장-단-장-장-장-장-단

2) 단-장-단-장-장-장-장

unit 57 |

check 1

1) 

2) 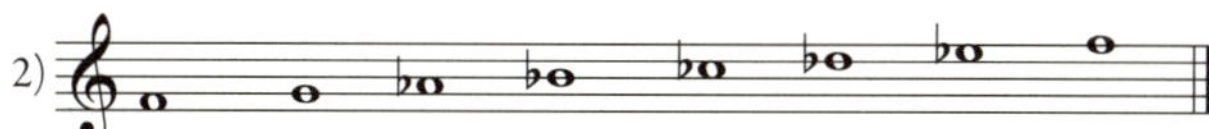

check 2

1) B Lydian augmented

2) G Mixolydian ♭13

unit 58 |

check

1) ③ Lydian augmented

2) ③ Ionian

연습문제 10-1

1.

1) 

2) 

2.

1) A♭ Lydian augmented

2) F Lydian ♭7

3.

1) 

C Dorian

2)

G Lydian

4.

1) G Altered, G7(♭9,♯9,♯11,♭13)

2) F Jazz monior, FmM13

unit 59

check

1)

2)

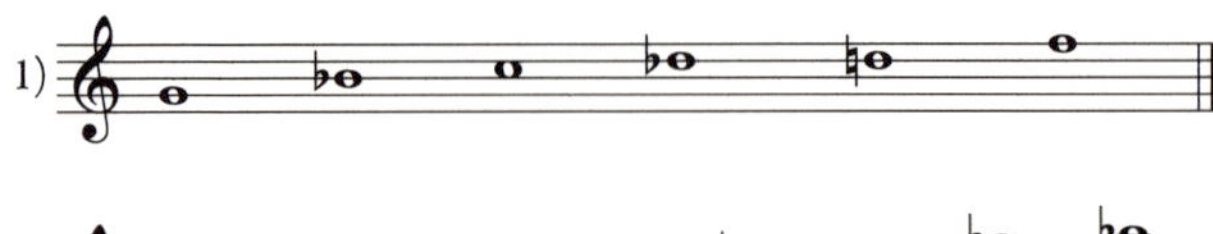

연습문제 10-2

1.

1)

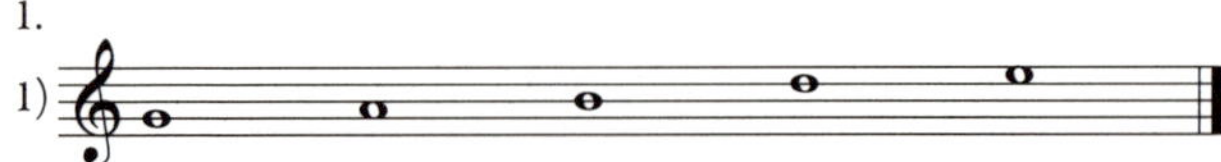

2)

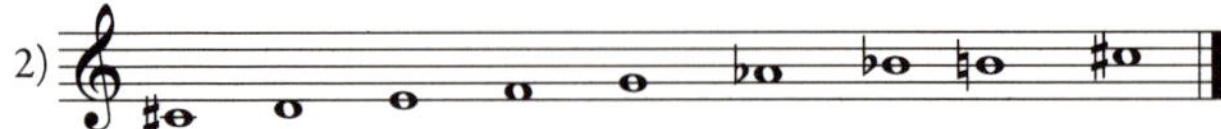

2.

1) F Major Pentatonic scale

2) E♭ Whole tone scale

복습문제 10

1.

1)

2)

3)

2.

종합문제 10

1.

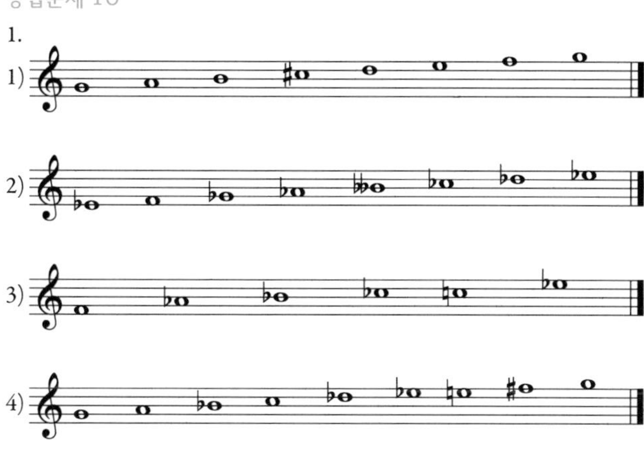

2.

1) F Mixolydian ♭13

2) D Lydian ♭7

3) A whole tone scale

4) F minor pentatonic

3.

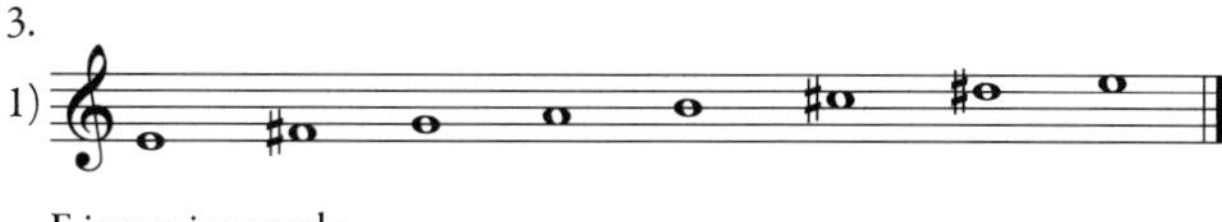

E jazz minor scale

2)

D Lydian

3)

C Locrian ♯2

4)

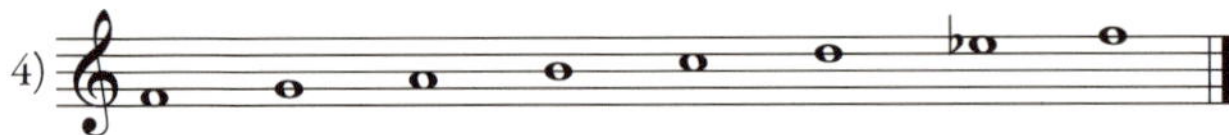

F Lydian ♭7

4.

1) Gm13, G Dorian
2) Cm11(♭5,♭13), C Locrian♯2
3) EM9(♯11,13), E Lydian
4) B♭7(♭9,♯9,♯11,♭13), B♭ Altered

11. 다이아토닉 7th 코드와 텐션코드

unit 60 |

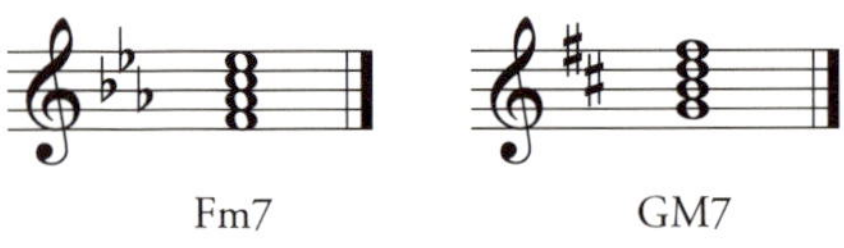

Fm7　　　　GM7

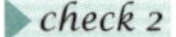

E♭M7　Fm7　Gm7　A♭M7　B♭7　Cm7　Dm7(♭5)

unit 61 |

▶ *check 1*

EM7	F♯m7	G♯m7	AM7	B7	C♯m7	D♯m7(♭5)

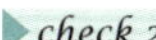

①

②

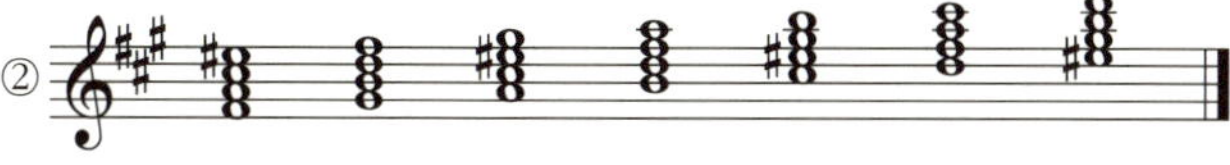

F♯mM7 G♯m7(♭5) AaugM7 Bm7 C♯7 DM7 E♯dim7

③

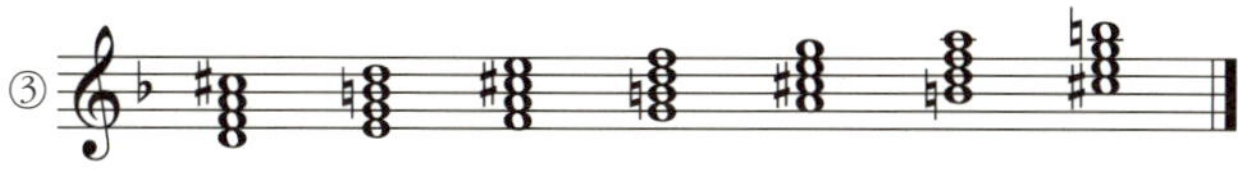

DmM7 Em7 FaugM7 G7 A7 Bm7(♭5) C♯m7(♭5)

check 3

① e natural

Em7	F♯m7(♭5)	GM7	Am7	Bm7	CM7	D7

② g♯ harmonic

G♯mM7	A♯m7(♭5)	B+M7	C♯m7	D♯7	EM7	F$^{x\circ}$7

③ f melodic

FmM7	Gm7	A♭+M7	B♭7	C7	Dm7(♭5)	Em7(♭5)

연습문제 11-1

1. ② B♭7
2. ② BM7
3. ② B♭M7
4. ③ Am7
5. ② E♯m7(♭5)

6)

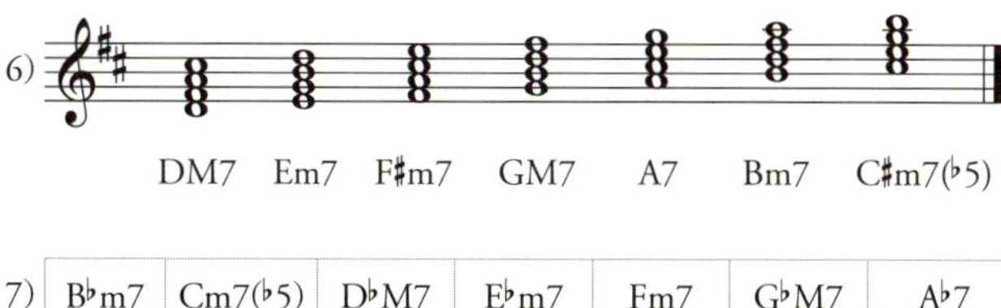

7)

B♭m7	Cm7(♭5)	D♭M7	E♭m7	Fm7	G♭M7	A♭7

8)	BmM7	C♯m7(♭5)	D+M7	Em7	F♯7	GM7	A♯°7

9)	G♯mM7	A♯m7	B+M7	C♯7	D♯7	E♯m7(♭5)	F^x^m7(♭5)

unit 62

check 1

① 9, 11

② 9, ♯11, 13

③ 9, 13

연습문제 11-2

1. ① Am13
2. ② B♭9
3.

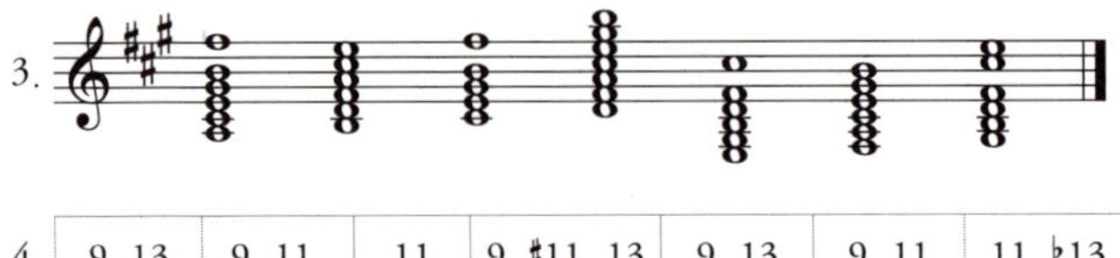

4.	9, 13	9, 11,	11	9, ♯11, 13	9, 13	9, 11	11, ♭13

복습문제 11

1.

1) IIm, C

2) V, G

2.

1) 7

2) A♭mM7

3) F♯dim

3.

1) 9,11,13

2) 9,♯11,13

3) 9,11,♭13

4.

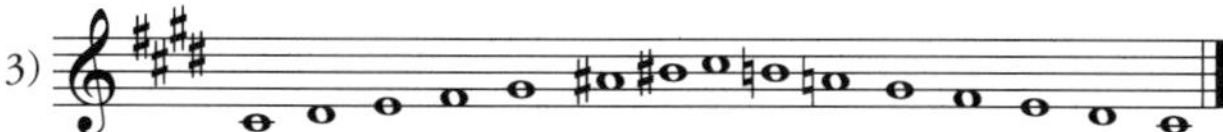

종합문제 11

1.

1) ③ Am7

2) ① AM7

3) ④ GM7

4) ① Bm7(♭5)

5) ② EaugM7

2.

1) ① DM9

2) ① C♯m7(11)

3) ① E♭9

4) ② Em7(♭5,11)

3.

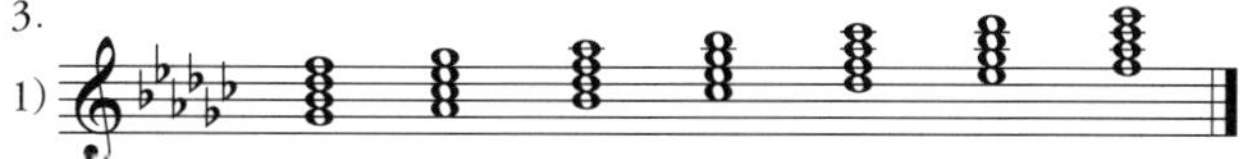

G♭M7 A♭m7 B♭m7 C♭M7 D♭7 E♭m7 Fm7(♭5)

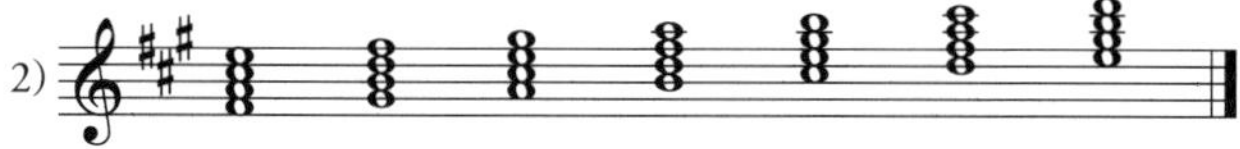

F♯m7 G♯m7(♭5) AM7 Bm7 C♯m7 DM7 E7

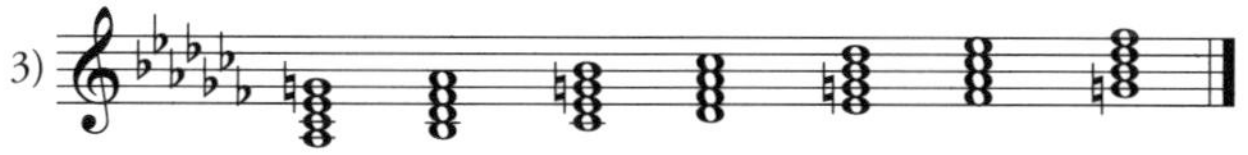

A♭mM7 B♭m7(♭5) C♭augM7 D♭m7 E♭7 F♭M7 Gdim7

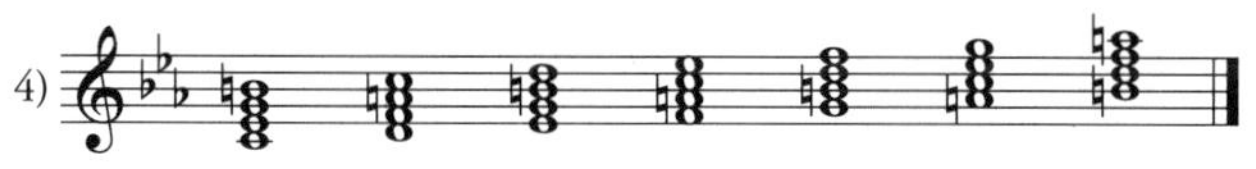

CmM7 Dm7 E♭augM7 F7 G7 Am7(♭5) Bm7(♭5)

4.

1)	AM7	Bm7	C♯m7	DM7	E7	F♯m7	G♯m7(♭5)

2)	Cm7	Dm7(♭5)	E♭M7	Fm7	Gm7	A♭M7	B♭7

12. 코드 진행법 1 - 다이아토닉 코드

unit 66 |

check

1) ④ IV ⇒ VIm

2)

① (3도상행 △)

② (2도상행 ○)

③ (4도상행 ○)

④ (4도상행 ○)

⑤ (4도상행 ○)

unit 67 |

check

1) ② IIIm ⇒ I

2)

① (3도하행 ○)

② (2도하행 △)

③ (3도하행 ○)

④ (4도하행 ×)

⑤ (4도하행 ×)

⑥ (3도하행 ○)

연습문제 12-1

1.

① (4)

② (2)

③ (3)

④ (2)

2.

① (4)

② (4)

③ (2)

④ (3)

3.

① (VIm)

② (IIIm)

③ (IIIm)

④ (I)

4.

① (Bm)

② (Bm)

③ (Am)

④ (D)

unit 68 |

check 1 D, V

check 2 B♭, IV

unit 69 |

check

1) Em, Dm, IIIm, IIm

2) Am or C, G, VIm or I, V

연습문제 12-2

1.

1) ④ Em, G

2) ② Em, D

2.

1) ① F, Dm

2) ① Dm, C

unit 70 |

check

1) ③ Em7(11), Dm7

2) ④ Am7, G7

unit 71 |

check

1) ① Em7(11), Dm9

2) ③ Am7(11), G9

연습문제 12-3

1.

1) ③ G7, FM7

2) ③ FM7, Gm7

2.

1) ④ CM9, Dm11

2) ① Em9, D9

복습문제 12

1.

1)

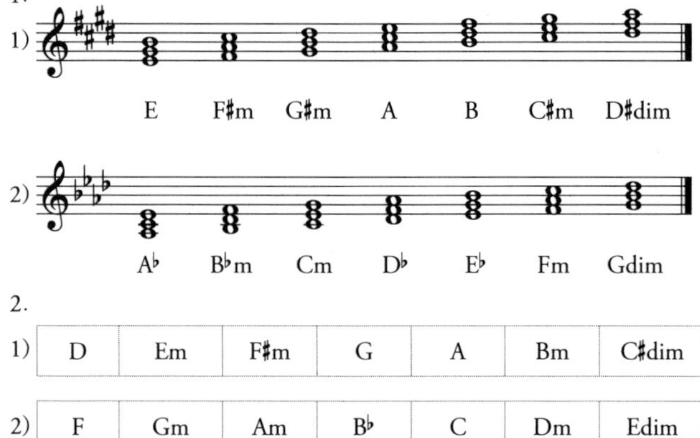

2.

1)

D	Em	F♯m	G	A	Bm	C♯dim

2)

F	Gm	Am	B♭	C	Dm	Edim

종합문제 12

1.

1) ① Em, Dm

2) ③ D, E

3) ② F♯m, C♯m

2.

1) ④ Em7, Dm7

2) ① E♭M7, F7

3) ④ E♭m7, B♭m7

3.

1) ② Em7(11), Dm9

2) ① A♭M7(13), B♭9

3) ① C♯m11, G♯m9

4.

1) ① G7, Dm9

2) ② B♭M7, C7

3) ② DM9, G

unit 73 |

check 1

① D7

② A7

③ F♯7

④ B7

check 2

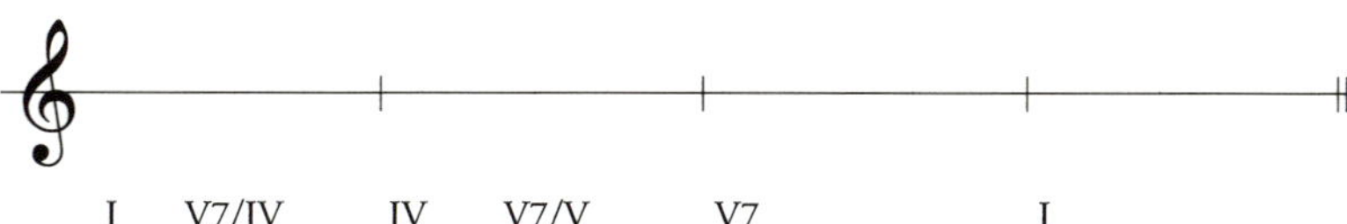

I V7/IV IV V7/V V7 I

unit 74 |

check 1

① B or B7, G7

② C7, D or D7

check 2

① Am or Am7, G or G7

② Bm or Bm7, D or DM7

check 3

① E or E7, Am or Am7

② F7, B♭ or B♭M7

③ F♯ or F♯7, Bm or Bm7

④ F or F7, B♭ or B♭7

unit 75 |

check 1

① A7, D7

② E7, A7

③ C♯7, F♯7

④ F♯7, B7

check 2

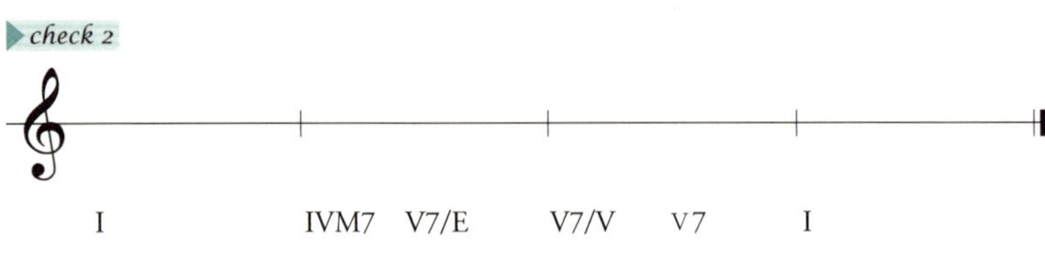

unit 76 |

check 1

① F♯ or F♯7, A or A7

② E or E7

check 2

① Am or Am7

② E or E7

check 3

① B or B7, E or E7

② E or E7, A or A7

③ D or D7, G or G7

연습문제 13-1

1.

1) B or B7

2) C♯ or C♯7

3) D or D7

2.

1) B or B7, E or E7

2) D or D7, G or G7

3) F or F7, B♭ or B♭7

3.

1) ④ E7, G7

2) ① G7, A

4. ① Dm7, G7

5. ④ GM7, A7

6.

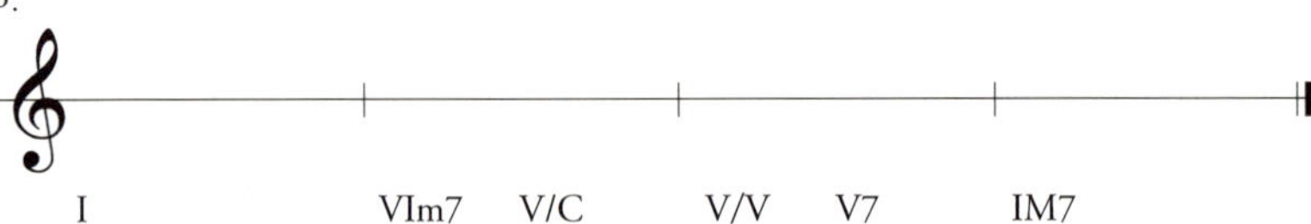

unit 77 |

check 1

① C♯dim7 or C♯m7(♭5)

② G♯dim7 or G♯m7(♭5)

③ F♯dim7 or F♯m7(♭5)

④ G♯dim7 or G♯m7(♭5)

check 2

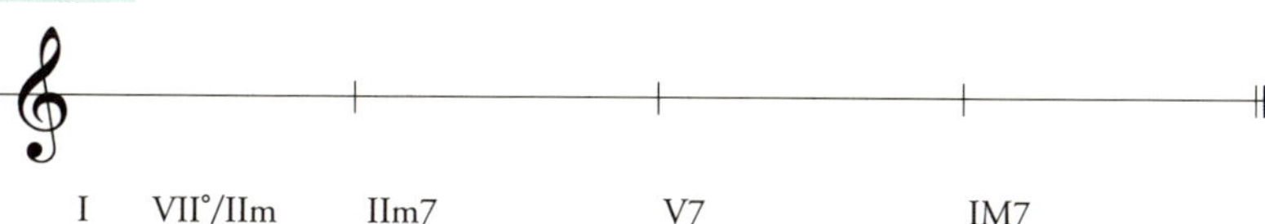

I　VII°/IIm　IIm7　V7　IM7

unit 78 |

check 1

① C♯dim7 or C♯m7(♭5), F♯dim7 or F♯m7(♭5)

② D♯dim7 or D♯m7(♭5), Bdim7 or Bm7(♭5)

check 2

① Am or Am7, G or G7

② Bm or Bm7

check 3

① G♯dim7 or G♯m7(♭5), Am or Am7

② Adim7 or Am7(♭5), B♭ or B♭M7 / F♯dim7, Gm or Gm7

③ D♯dim7 or D♯m7(♭5), Em or Em7

④ F♯dim7 or F♯m7(♭5), Gm or Gm7 / Adim7 or Am7(♭5), B♭ or B♭M7

unit 79 |

check 1

① Bdim or Bm7(♭5), E or E7

② Dm or Dm7, G or G7

③ Am or Am7, D or D7

④ F♯dim or F♯m7(♭5), B or B7

check 2

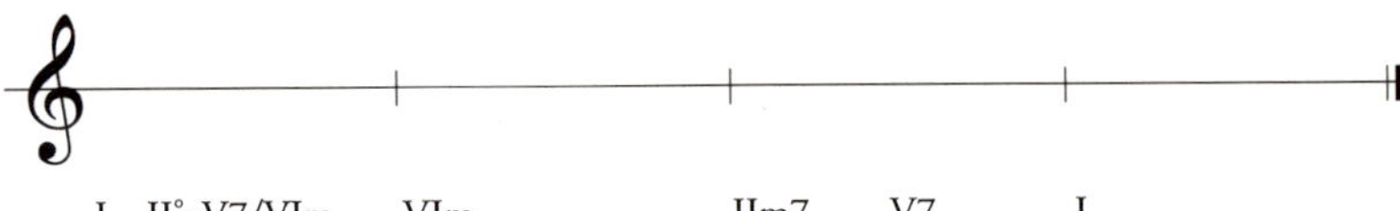

unit 80 |

check 1

① Gm or Gm7, C7

② C♯dim or C♯m7(♭5), F♯ or F♯7

check 2

① Em or Em7

② F♯m or F♯m7, D or DM7

check 3

① Edim or Em7(♭5), A or A7

② C♯dim or C♯m7(♭5), F♯ or F♯7

③ F♯dim or F♯m7(♭5), B or B7

④ Cm or Cm7, F or F7

unit 81 |

check

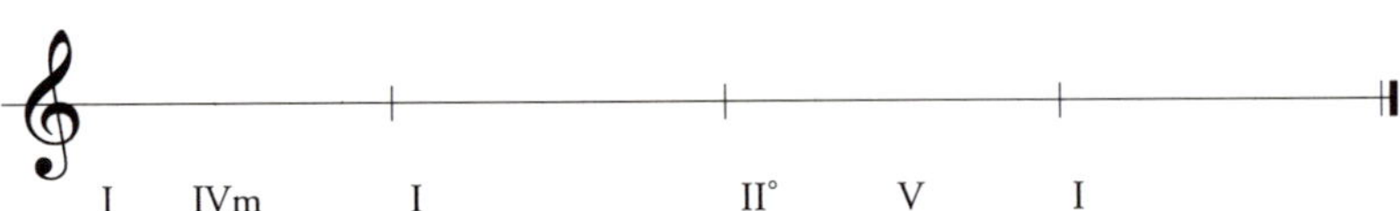

unit 82 |

check

① Cm

② B♭m

연습문제 13-2

1.

1) ② Bm7(♭5), G7

2) ① Cm, CM7

2.

1) ② Dm7, F♯dim

2) ① Am, Em

복습문제 13

1.

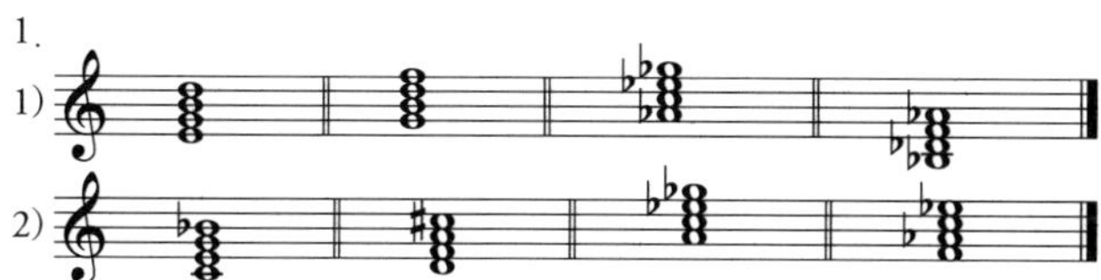

2.

1) Bm7(♭5), FM7, D7, GM7

2) Cm7, E♭7, F♯dim7, Gm7

종합문제 13

1.

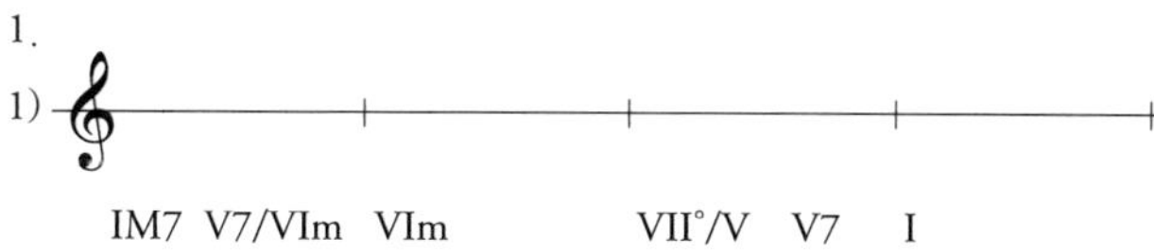

2.

1) F Fm Em7 A7 Dm7 G7 C

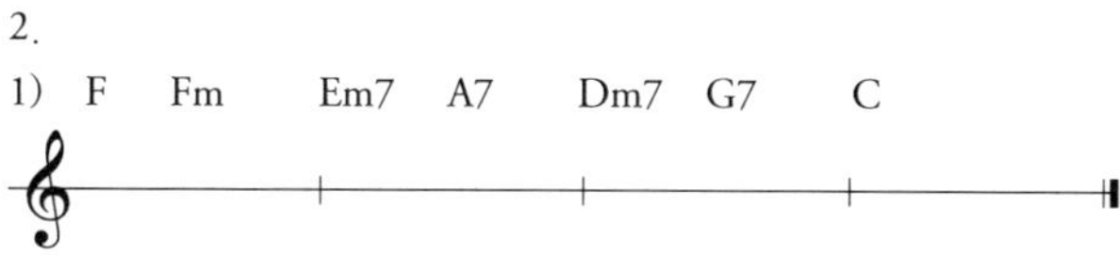

2) FM7 A7 Dm D7 G7 C7 FM7

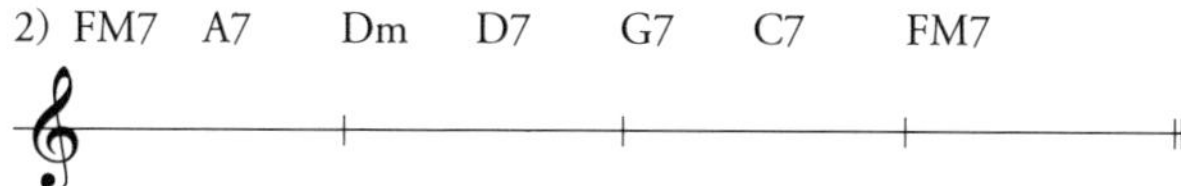

3.

1) ④ Bm7(♭5), F♯dim

2) ② Am, C♯7

4.

1) ③ G7, C7

2) ④ Fm, A7

14. 코드 진행법 3 - 분수 코드

unit 84 |

1) C/E, B/D♯
2) D/F♯, F♯/A♯

unit 85 |

1) F/C, G7/F
2) C/G or D/G, D7/C

연습문제 14-1

1) ③ B7/D♯, D/F♯
2) ④ B♭/F, F/C
3) ① C/G, A7/C♯
4) ② B♭7/A♭, C7/E

unit 86 |

1) C/E, F/A, G/B
2) G/B, C/E, D/F♯

unit 87 |

1) Gsus4 or G7 or F/G
2) Dsus4 or D7 or C/D

연습문제 14-2

1) ③ A/C♯, D/E
2) ④ E♭/B♭, E♭/F
3) ③ CM7/E, C/D
4) ① E/G♯, A/B

복습문제 14

1.

2.

1) C/E, G/D, A♭/E♭, G♯dim/D

2) Dm7/F, AmM7/G♯, Bdim7/F, Em7(♭5)/D

종합문제 14

1.

1) ④ G/D, D7/A

2) ③ F7/A, D♭/E♭

3) ④ C7/E, B♭/C

4) ① C/G, CM7/E

2.

1) ① E/B, C/G, F/G

2) ③ G7/F, F/G

3) ① D7/C, C/D

15. 비화성음

unit 88 |

▶ *check 1*

1) C

× ×

2) Dm

× ×

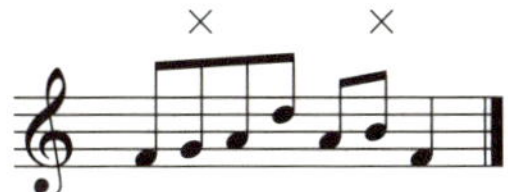

unit 89 |

▶ *check*

1) C F Dm G7 C

× × × × ×

2) B♭ Cm F B♭

× × × ×

unit 90 |

check

1)

2)

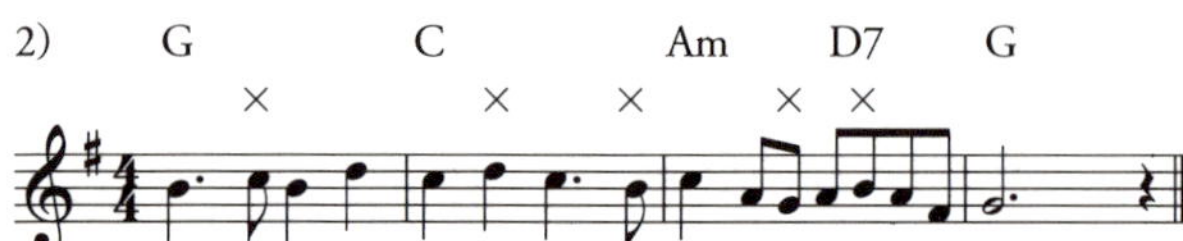

연습문제 15-1

1.

1) 경과

2) 보조

2.

1)

2)

3.

1) ① C, FM7

2) ④ Am, D7

unit 91 |

check

1)

unit 92 |

▶ *check*

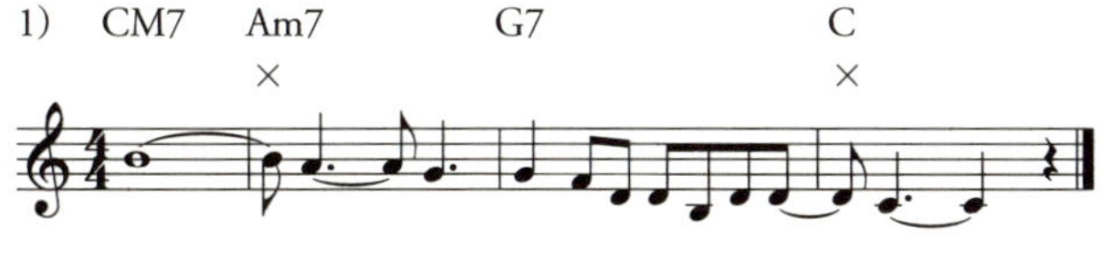

연습문제 15-2

1.

1) 전타

2) 계류

2.

3.

1) ② F, Em7(♭5)

2) ③ F♯m7, A7

unit 93 |

1)

2)

unit 94 |

check

1)

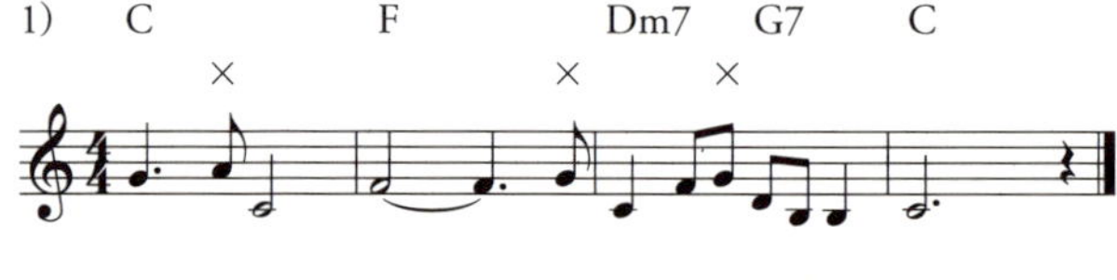

2)

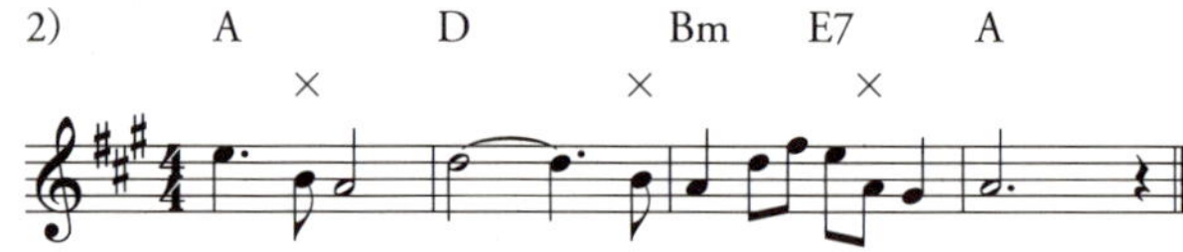

연습문제 15-3

1.

1) 선행

2) 이탈

2.

1) C Fm/C C C7 F G7 C

×ant ×esc ×esc ×ant ×ant

2)

3.

1) ① E7, Gm7

2) ④ Gm7, E♭

복습문제 15

1.

2.

1) CM7(♯11), E7(♭9), Bm11, Gm9(♭5, ♭13)

2) Cm13, DM9, Fm7(11), C♯m9(♭5)

종합문제 15

1.

1) E♭ Dm7(♭5)G7 Cm7 C7 Fm B♭7 E♭

×app ×ant ×p ×esc ×p ×sus

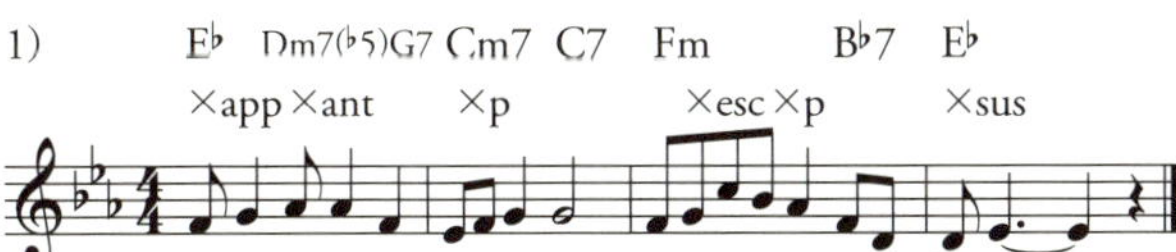

2) CM9 FM7 Em7 Am7 Dm7 G C

×ant ×app ×p ×esc

3) F Dm7 B♭ Gm7 C7 F

×p ×aux ×sus ×esc ×ant ×esc ×p ×sus

4) FM7 Fm Em7 A7 Dm7 G7 C

×p ×esc ×aux ×app

2.

1) ④ F/A, E♭

2) ③ F, G7

3) ① Am, F♯m7

4) ② Am, G7

3.

4.

16. 알아두면 좋은 이론 용어와 원리

unit 96 |

▶ *check*

1) Dm

2) G♭7

unit 97 |

▶ *check*

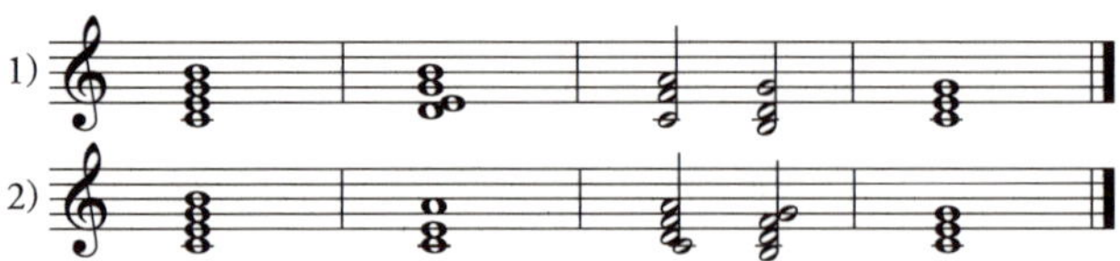

unit 98 |

check 1

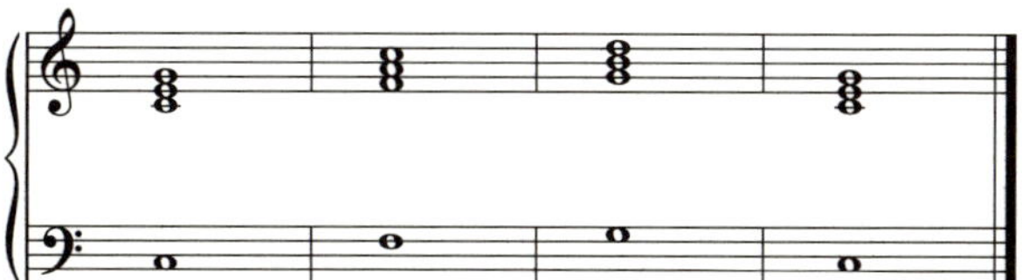

check 2

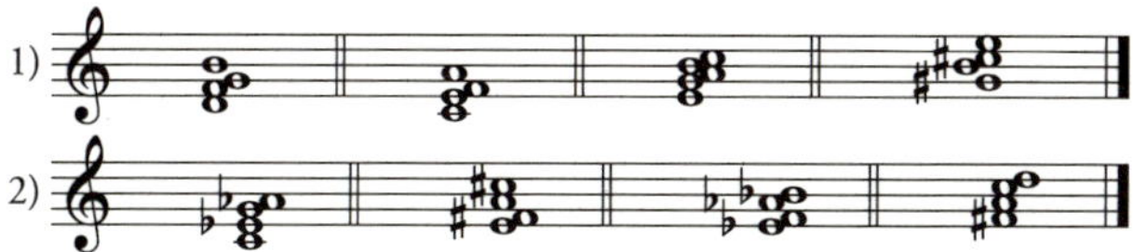

unit 99 |

check

1) 변격종지

2) 위장종지

연습문제16

1.

1) Dm, A♭7

2) F7, Am

2.

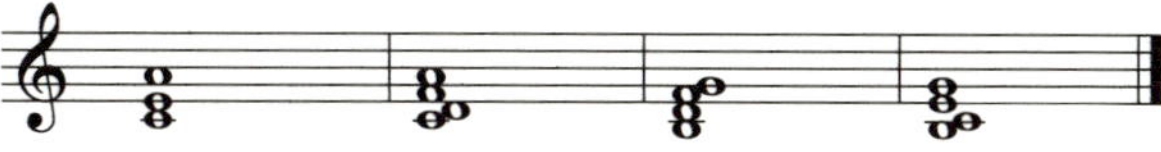

3. F

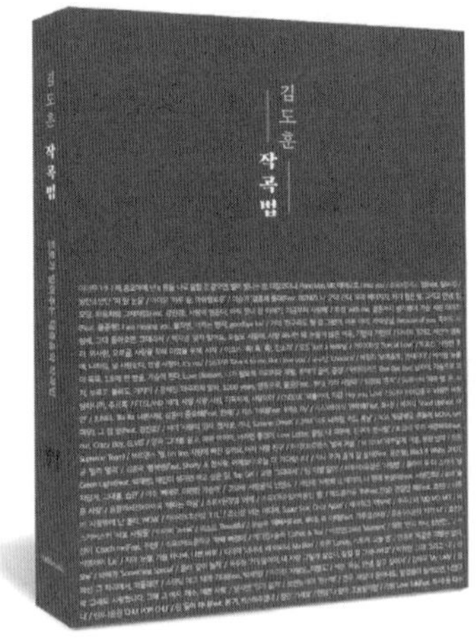

김도훈 작곡법

김도훈 지음

297쪽 / 18,500원

1458music 펴냄

프로가 알려주는 대중음악 작곡법!

'김도훈 작곡법'은 25년간 수많은 히트곡을 만든 김도훈 작곡가의 대중음악 작곡 노하우를 담은 책이다. 대중음악 작곡가의 마음가짐부터 시작해서 다양한 이론을 실제 가요 작곡에 어떻게 사용할 수 있지를 작가의 경험과 히트곡을 예시로 설명하고 있다.

대중음악 작곡가를 꿈꾸는 독자들에게 실질적인 도움을 줄 수 있는 책이다.

<추천사>

"김도훈의 히트곡만 나열해 봐도 대중음악의 흐름을 알 수 있다. 이 책에는 작곡 기법뿐만 아니라 그의 지식과 경험, 대중음악 작곡가로서 갖추어야 할 자세와 태도 등이 담겨있다. 25년 노하우를 공개하는 일은 쉬운 결정이 아니다. 이 책으로 노래를 만드는 일이 즐겁고 재밌어질 것이다"

방시혁 (작곡가, 하이브 엔터테인먼트 대표)